ひと目でわかる
英会話
シンプルパターン78

CD付

UNICOM Inc.

はじめに

　『ひと目でわかる英会話　シンプルパターン78』を手にとってくださった皆さまに御礼申し上げます。

　本書は、中学校レベルの文法と単語だけを使って「**こんなに簡単な英語が、いかに実際の会話で役立つか**」ということを読者の皆さまに知ってもらうために、文例と文型を厳選しているのが大きな特長です。

中学レベル、なおかつ使える文例を厳選

　文例では、たとえば会話表現15の「This is 〜 .」の場合、学校で習う「This is a pen.」（「これはペンです」なんて、口にする機会は滅多にないですよね）を挙げるのではなく、「This is my wife.」（こちらは家内です）、「This is good.」（これはいいですね）など、誰でも日常生活で必要とする表現を挙げています。前者は「my wife」を他の家族や友人に置きかえれば、いろんな人を相手に紹介できますし、後者は「おいしいです」の意味にもなり、簡単なのにさまざまな場面で活躍する表現です。このように、すべてのパターンで、「**日常生活でどれだけ実際に役立つか**」をモットーに文例を作っています。

お役立ちのパターンを厳選

　これを読んで「『This is 〜 .』なんて、簡単すぎて今さら勉強なんて……」と思ったあなた！　その**簡単すぎる表現を本当に使いこなせていますか？**　「This is a pen.」とは言えても、上記の文例や、「This is on me.」（ここは私のおごりです）、「This is cool.」（これはかっこいいですね）など、**実際の会話でパッと言えますか？**　簡単だからといって侮ってはいけません。このように、本書であげた文型は、ちょっとした文例をいくつか知っていれば、いくらでも応用の効く便利なも

のばかりなのです。

決まり文句を網羅、楽しめる「ポイント」や「コラム」も充実

　冒頭の決まり文句ページのほとんどでは、きちんと応答できるように、その場面でよく耳にするであろう文例も一緒に掲載しています。そんな必須の決まり文句を14場面と64会話表現、合わせて「シンプルパターン78」まで絞って、文例を紹介しています。

　各会話表現では、より表現豊かになるポイントが補足説明してあります。もっと説明の必要な項目については、コラムでわかりやすく解説しているので、ぜひ楽しみながら読んでみてください。

「ひと目でわかる」工夫が満載

　さらに、タイトルに偽りなし、文章を色分けすることにより「ひと目」見れば、細かい文法の解説がなくともその文の構造が「わかり」、単語を置きかえるだけで自分の話したいことを表現できる仕組みになっています。前述の例文を見ても、文字色が違う部分の日本語と英語、それぞれが一致していて、他の単語にかえればいいだけというのは、一目瞭然ですね。これであっという間にいろいろな表現ができるようになるでしょう。

　「英語なんて忘れちゃった」という方も「文法は頭に入っているのに会話は苦手」という方も、この一冊を読み終える頃には、**英会話のコツ**をつかんでいることでしょう。さらに繰り返し読み、ボキャブラリーを増やしていけば、実力アップ間違いなしです。

　本書が皆さんの英会話力向上の一助となることを願ってやみません。

4ステップトレーニングのすすめ

　本書には、日本語→英語の順番で録音してあるCDが付いています。そこでCDとテキストを併用した効果的な「4ステップトレーニング法」を紹介します。使える英語表現を徹底的に集約した本書ならではの効果的なトレーニング法です。この「4ステップトレーニング法」で、英会話を確実に自分のものにしてください。

基本編

ステップ1　まずは黙読してみよう！

　本書は、「これだけでも大丈夫　決まり文句14」のページから始まり、基本の易しいパターンに続き、だんだんと難しくなるよう構成されています。「最初の方なんて、簡単すぎてやってられないよ」という方も、読み飛ばさないでぜひ順番に読み進めてみてください。

ステップ2　CDを聞きながら音読しよう！

　次にCDを聞きながら、音読してみましょう。アクセントの位置やリズムに注意して、CDの音声を真似ながら読み進めましょう。

ステップ3　英作文に挑戦！

　「ステップ2」まで終えたところで、英語の構造がかなり頭に入ってきたのではないでしょうか。ここでいよいよ、日本語を見て英作文してみましょう。間違った文は再度やり直して、一文一文を確実に物にしていきましょう。

　頭の中で考えるだけでなく、実際に声に出して何度も言ってみるのが、英会話を上達させるポイントです。

ステップ4　最後はCD音声のみで！

　ここまで来れば、あとはテキストなしでもOK！　日本語を聞いて即座に英語で言い、英語音声で答えを確認する……この繰り返しで、本書に集約してある「会話で使える英語」が着実に身につき、実践の

会話でもすんなり英語が口から出てくるようになるでしょう。

応用編

「日本語を聞くだけで英語が言えるようになってきたので、今度は発音力を高めて相手にうまく伝わるようにしたい」という方におすすめのトレーニング方法です。

1 英語を見ながら音声を聞いて、特徴を頭に入れよう！

基本編の「ステップ2」をさらに重点的に学習することになります。テキストの英語を見ながらCD音声を聞いて、実際どのように発音されているのか確認、アクセントの強弱や英語ならではのリズムに注意します。その際、それらを自分なりでかまわないので、発見したことや理解したことをテキストにどんどん書き込んでいきましょう。

2 CD音声と一緒に発音練習を繰り返す！

自分の書き込みを参考に何度も発音してみて、特徴が頭に入ってきたらCDの英語音声と一緒に発音してみましょう。そのうち口から出る英語が音声についつられてしまうこともあるでしょう。それは英会話の「コツ」をつかんだ証拠！　その感触をよく覚えて学習を進めていけば、いつの間にか自分の英語が相手に伝わっていることに気づくでしょう。

学問に王道なし、語学学習には反復練習が必須です。本書ではそれをできる限り効率的にこなせるように工夫してありますので、これを生かさない手はありません。ここでは最も効果的と思われる方法を紹介しましたが、この方法を参考に、独自のトレーニング方法を編み出すもよし、楽しく学習できるようどんどん工夫してみてください。

本書の構成と使い方

パターンごとの学習を効果的にサポート！

左ページの日本語、右ページの英語を見比べながら、
パターンごとに学習すれば、色分けされた部分がどうなるかを考えるだけです。
英作文をより簡単に進めることができます。

パターン No
CD 音声の
トラック番号

会話表現 **15** CD-No	これは(こちらは)〜です。
	This is 〜 .
基 本 パターン	This is + 名詞 / 形容詞 .

文の構造が
簡潔にわかる！

文字色それぞれの部分が一致するようになっています。

① ここは私のおごりです。

② これは私の名刺です。

③ これは私のメールアドレスです。

④ これは初めてです。

⑤ こちらは私の家内です。

⑥ これはいいですね。

⑦ これはかっこいいですね。

⑧ これは簡単です。

左ページ：日本語

> ここがポイント！

文型の注意点や文例に対する補足など、気をつける点や、さらに知っておくと便利なことなどをわかりやすく説明しています。

Point!

"This is ～ ." は身近にある物に対して「これは～だ」「こちらは～だ」と言う表現です。また、物だけでなく人や抽象的な事象についても使うことができます。① 前置詞句をつなげることもできます。"This is on the house." と言えば、「店のおごり、サービスです」となります。⑥「おいしい」の意味にも使えます。⑦ 'cool' には「冷たい」「涼しい」という意味の他に、口語的で「素敵な」「かっこいい」という意味もあります。人、物、事象にも使われ、親しい人との会話で盛り上がる表現です。

> 文字を効果的に色分け！

日本語と英語の「文型にあたるところ」「それ以外のところ」が、色分けにより、ひと目でわかるようになっています。

① This is on me.
　ディスイズ オン ミー

② This is my card.
　ディスイズ マイ カード

③ This is my email address.
　ディスイズ マイ イー メール アドレス

④ This is my first time.
　ディスイズ マイ ファースト タイム

⑤ This is my wife.
　ディスイズ マイ ワイフ

⑥ This is good.
　ディスイズ グッド

⑦ This is cool.
　ディスイズ クール

⑧ This is easy.
　ディスイズ イージー

> 読み仮名付き！

英語の読み方のわからない箇所は、それを参考にまず読んでみましょう。
そのあと実際どのように発音されているか CD で確認して覚えましょう。

> 右ページ：英語

はじめに
4ステップトレーニングのすすめ
本書の構成と使い方

パート1　　これだけでも大丈夫　決まり文句14

決まり文句1 基本のあいさつ ---------- 16

決まり文句2 初対面のあいさつ ---------- 18

決まり文句3 相手のことを知りたい ---------- 19

決まり文句4 別れ際のあいさつ ---------- 20

決まり文句5 お礼　謝罪 ---------- 22

決まり文句6 返答　相づち ---------- 24

決まり文句7 聞き直す ---------- 26

決まり文句8 旅 ---------- 27

決まり文句9 電話 ---------- 28

決まり文句10 ショッピング ---------- 30

決まり文句11 飲食店 ---------- 32

決まり文句12 時間 ---------- 34

決まり文句13 月・曜日・その他 ---------- 36

決まり文句14 数字 ---------- 38

パート2　　ひと目でわかる　会話表現64

-- まずは言ってみよう　基本の文 --

会話表現15 **This is 〜 .**　　　　これは(こちらは)〜です。

　This is good. ---------- 42

会話表現16 **That is [That's] 〜 .**　あれは(それは)〜です。

　That's a good idea. ---------- 44

もくじ

会話表現 17 **It is [It's] 〜 .**　　　〜です。

　It's a big help. ──────────────── 46

コラム 1　名役者 'it' ──────────────── 48

会話表現 18 **There is [There's] 〜 .**　　〜があります。

　There's good news for you. ──────────── 52

コラム 2　一般動詞と be 動詞　総まとめ ──────── 54

会話表現 19 **I am [I'm] 〜 .**　　私は〜です。

　I'm ready. ──────────────────── 58

会話表現 20 **I feel 〜 .**　　〜と感じます。

　I feel bad. ──────────────────── 60

会話表現 21 **I need 〜 .**　　〜が必要です。

　I need your help. ────────────────── 62

会話表現 22 **I want 〜 .**　　〜を下さい。

　I want strong coffee. ────────────── 64

会話表現 23 **I think 〜 .**　　〜と思います。

　I think I understand. ────────────── 66

会話表現 24 **I make 〜 .**　　〜を作ります。〜をします。

　I make a boxed lunch every day. ────────── 68

会話表現 25 **I have 〜 .**　　〜があります。

　I have a problem. ────────────────── 70

コラム 3　超お役立ち動詞 'have' ──────────── 72

-- ちょっとステップアップ --

会話表現 26 **I'm 〜 ing.**　　〜しています。〜する予定です。

　I'm looking for my cell. ──────────── 74

会話表現 27 **I have [I've] 〜 ed.**　〜したことがあります。

～し終わったところです。ずっと～しています。

I've already ordered. ―――――――――――――――― 76

会話表現 28 **I will [I'll] ～ .**　　～ましょう。～でしょう。

I'll think about it. ―――――――――――――――――― 78

会話表現 29 **I'm going to ～ .**　　～ところです。～つもりです。

I'm going to work overtime today. ――――――――――― 80

会話表現 30 **I can ～ . / I can't ～ .**

　　　　　　～できます。／～できません。～はずがありません。

I can see you tomorrow./I can't stand it. ――――――――― 82

会話表現 31 **I must ～ .**　　　　　～ばなりません。

　　　　　　　　　　　　　　～に違いありません。

I must be going now. ―――――――――――――――― 84

会話表現 32 **You may ～ .**　　　～かもしれません。

　　　　　　　　　　　　　　～してもいいです。

You may go now. ――――――――――――――――― 86

会話表現 33 **You should ～ .**　　～べきです。～はずです。

You should be more careful. ―――――――――――――― 88

コラム 4　交通のあれこれ ―――――――――――――― 90

-- ここまで言えると便利 --

会話表現 34 **I'm sorry ～ .**　　　～してすみません。

　　　　　　　　　　　　　　～でお気の毒です。

I'm sorry for being late. ―――――――――――――――― 92

会話表現 35 **I'm glad ～ .**　　　～を嬉しく思います。

I'm glad to hear that. ――――――――――――――――― 94

会話表現 36 **I'm sure ～ .**　　　～と確信しています。

もくじ

I'm sure of it. ---- 96

会話表現 37 **I have to ～.** 　　　～しなければいけません。

I have to say good-bye now. ---- 98

会話表現 38 **I used to ～.** 　　　以前は～していました。

I used to live in Osaka. ---- 100

会話表現 39 **I would [I'd] like to ～ ./ I would [I'd] like ～ .**

～をしたいのですが。/ ～を頂きたいのですが。

I'd like to make a reservation./ I'd like this sweater in yellow. ---- 102

会話表現 40 **Thank you for ～ .** 　～をありがとう。

Thank you for everything. ---- 104

-- 尋ねてみよう　基本の疑問文 --

会話表現 41 **Is this ～ ? / Is that ～ ?**

これは～ですか？/ それは～ですか？

Is this free?/Is that all? ---- 106

会話表現 42 **Are you ～ ?** 　　～ですか？

Are you OK? ---- 108

会話表現 43 **Do you ～ ?** 　　～しますか？

Do you really think so? ---- 110

コラム 5 　Do you ～ ? ---- 112

会話表現 44 **Is there ～ ?** 　　～がありますか？

Is there a rest room near here? ---- 114

会話表現 45 **Can [Will] you ～ ?** 　～してもらえる？

Can you help me? ---- 116

会話表現 46 **Could [Would] you ～ ?** ～していただけますか？

Could you wait a minute? ---- 118

11

会話表現 47 Would you like to ～ ?/ Would you like ～ ?

　　～しませんか？ / ～はいかがですか？

　Would you like to join us?/Would you like some more? ----- 120

会話表現 48 Could [May] I ～ ?　～してもいいですか？

　Could I talk to you now? ----- 122

会話表現 49 Shall I ～ ? / Shall we ～ ?

　　～しましょうか？ / (一緒に) ～しましょうか？

　Shall I give you a hand?/Shall we keep going? ----- 124

コラム 6　否定文で始める疑問文 ----- 126

-- もっと尋ねてみよう　疑問詞を使った疑問文 --

会話表現 50 What is [What's] ～ ? ～は何ですか？

　What's this? ----- 130

会話表現 51 What do you ～ ?　　何を～しますか？

　What do you mean? ----- 132

会話表現 52 What are you ～ ing? 何を～しているのですか？

　What are you doing? ----- 134

会話表現 53 What ～ ?　　　　　何～ですか？

　What color do you like? ----- 136

コラム 7　時間の言い方 ----- 138

会話表現 54 Who is ～ ?　　～は誰ですか？

　Who is it? ----- 140

会話表現 55 Who ～ ?　　　誰が～するのですか？

　Who wants some coffee? ----- 142

会話表現 56 Which is ～ ?　　どちらが～ですか？

　Which is yours? ----- 144

もくじ

会話表現 57 Which do you ～ ?　どちらを～しますか？
Which do you want? ――――――――――――― 146

会話表現 58 When is ～ ?　～はいつですか？
When is your day off? ――――――――――― 148

会話表現 59 When do we ～ ?　いつ～しますか？
When do we have a meeting? ―――――――― 150

会話表現 60 Where is ～ ?　～はどこですか？
Where is my seat? ―――――――――――― 152

会話表現 61 Where do you ～ ?　どこで(どこに)～するのですか？
Where do you work? ―――――――――――― 154

会話表現 62 Why is ～ ?　なぜ～なのですか？
Why is she so busy? ―――――――――――― 156

会話表現 63 Why do you ～ ?　なぜ～するのですか？
Why do you think so? ――――――――――― 158

会話表現 64 How is [How's] ～ ?　～はどうですか？
How's your cold? ―――――――――――― 160

会話表現 65 How do you ～ ?　どのように～しますか？
How do you feel? ―――――――――――― 162

会話表現 66 How about ～ ing?　～ませんか？
How about having pizza for lunch? ―――――― 164

会話表現 67 How about ～ ?　～はどうですか？
How about tomorrow? ――――――――――― 166

コラム 8　数字の言い方・表し方 ―――――――― 168

-- 否定？　肯定？　覚えておこう --
会話表現 68 It's ～ , isn't it?　～ですよね。

It's boring, isn't it? ---------- 170

会話表現 69 It's not ～ , is it?　　～ないですよね。

It's not cheap, is it? ---------- 172

会話表現 70 It's too ～ .　　　　～すぎます。

It's too hot today. ---------- 174

-- いろいろ言ってみよう　命令・依頼・提案・勧誘 --

会話表現 71 動詞の原形 .　　　　～しなさい。

Come in. ---------- 176

会話表現 72 Please ～ .　～ , please.

　　　　　　　　　　　～してください。

Gift-wrap this wine, please. ---------- 178

会話表現 73 Don't ～ .　　　　～してはいけません。

Don't be late. ---------- 180

会話表現 74 Why don't you ～ ?　Why not ～ ?

　　　　～したらどうですか？　～しましょう。

Why don't you see a doctor? ---------- 182

会話表現 75 Let's ～ .　　　　～しましょう。

Let's take a break. ---------- 184

会話表現 76 Let me ～ .　　　　私に～させてください。

Let me know. ---------- 186

-- 感嘆の気持ちを表そう --

会話表現 77 What a ～ !　　　　なんて～なのでしょう！

What a hot day it is! ---------- 188

会話表現 78 How ～ !　　　　なんて～なのでしょう！

How hot it is today! ---------- 190

Part1

これだけでも大丈夫

決まり文句 14

| 決まり文句 | CD-No **1** | **基本のあいさつ** |

こんにちは。
▶ **Hi.** (ハイ)
Hello. (ヘロー)

おはようございます。
こんにちは。
こんばんは。
▶ **Good morning.** (グッモーニング)
Good afternoon. (グッアフタヌーン)
Good evening. (グッイブニング)

"Hi." "Hello." ですませることも多いです。

お久しぶり。
▶ **Long time no see.** (ロンタイムノシー)

親しい人とのEメールでは 'LTNS' と表記。

調子はどうですか？
▶ **How are you?** (ハワユー)
How are you doing? (ハワユードゥーイング)

"Hi." "Hello." の後には必ずというくらい使われる、必須の表現です。

調子はどう？
▶ **What's up?** (ワッツァップ)

"How are you?" は時に少しよそよそしい感じ。こちらは、親しい人同士で使う、くだけた言い方です。

| おかげさまで元気です。 | ▶ | アイムファインセンキュー
I'm fine, thank you. |

「あなたはどう？」と相手のことを尋ねたいときには、'and you?' と付け加えましょう。

| まあまあだね。 | ▶ | ソーソー
So-so. |

「調子はどう？」と聞かれて、親しい人ならこう答えても OK。調子のみならず、あらゆる場面で使える覚えておくと便利なひと言です。

| ただいま。 | ▶ | アイムホーム
I'm home. |

実際には "Hi." "Hello." と言うことがほとんどです。"How was your day?"（今日 1 日どうだった？）と返すのが「お帰りなさい」の挨拶になります。

| 行ってきます。 | ▶ | シィユレイタァ
See you later. |

「またね」を意味する "See you later." が「行ってきます」の挨拶にもなります。「行ってらっしゃい」には "Have a nice day." や "See you." などが使えます。

| 変わりない？ | ▶ | ワッツニュー
What's new? |

親しい間柄で使う挨拶です。

決まり文句 CD-No 2 | 初対面のあいさつ

はじめまして。
▶ **How do you do?**
<ハゥドゥユドゥ>

こう言われたら、"How do you do?" と応答しましょう。

はじめまして。
▶ **Nice to meet you.**
<ナイストゥミィチュゥ>

こちらこそ
はじめまして。
▶ **Nice to meet you, too.**
<ナイストゥミィチュゥトゥ>

山田花子です。
▶ **I'm Hanako Yamada.**
<アイムハナコヤマダ>

A会社で働いています。
▶ **I work for A Company.**
<アィワークフォァエィカムパニィ>

決まり文句 CD-No 3 　相手のことを知りたい

お名前は？
▶ **May I have your name?**
メイアィハヴユァネィム

"What's your name?" は「名前は何？」と高飛車な印象があるので要注意。'May' の代わりに、カジュアルな 'Can' や 'Could' を使っても OK です。

ご出身はどちらですか？
▶ **Where are you from?**
ウェァユゥフロム

おいくつですか？
▶ **How old are you?**
ハウオゥルドァァユ

日本語で尋ねるときと同じく、相手や状況を考えて聞きましょう。

お仕事は何ですか？
▶ **What do you do?**
ワットドゥユゥドゥ

'for a living' を加えると、仕事について尋ねていることが、よりわかりやすくなります。

ご趣味は何ですか？
▶ **What are your hobbies?**
ワットァァユァホビィズ

"What is your hobby?" でも良いですが、複数形を使うほうがベターです。

19

| 決まり文句 | CD-No **4** | **別れ際のあいさつ** |

よい一日を。

▶ **Have a nice day.**
（ハヴァナイスデイ）

週末には "Have a nice weekend."（よい週末を）、相手が旅行前のときには "Have a nice trip."（よいご旅行を）と言うのもいいでしょう。

気をつけて。

▶ **Take care.**
（テイクケア）

"Have a nice day." と同様。「じゃあね」というニュアンスで頻繁に使います。「お大事に」という意味で別れ際以外にも使えます。

あなたもね。

▶ **You, too.**
（ユウトゥ）

"Have a nice day." や "Take care" に対する返事です。

またね。

▶ **See you.**
（シィユ）
See you later.
（シィユレイタァ）

さようなら。

▶ **Bye.**
（バァイ）

"Good-bye." はちょっとフォーマル。

お会いできて よかったです。	▶ **Nice meeting you.** ナィスミィティンユゥ 初対面で別れる際などに使います。
お話できて 楽しかったです。	▶ **It was nice talking with you.** イトワズナィストゥキングウィズユゥ 'It was' は省略してもかまいません。
山田さんによろし くお伝えください。	▶ **Say hello to Mr. Yamada.** セィヘロゥトゥミスタァヤマダ
幸運を！	▶ **Good luck!** グッラック 試合や試験を直前に控えた人との別れ際には、この フレーズでエールを送りましょう。
連絡を取り合い ましょう。	▶ **Let's keep in touch.** レッツキィピンタッチ

| 決まり文句 | CD-No 5 | お礼　謝罪 |

ありがとう。	**Thanks.** (サェンクス) **Thank you.** (サェンキュゥ)

ありがとう。 （強調）	**Thank you very much.** (サェンキュゥヴェリィマッチ) "Thank you so much." "Thanks a lot." や "Many thanks." という表現もよく使います。

どういたしまして。	**You are welcome.** (ユァウェルカム) "Thank you." に対する決まり文句とされていますが、実際は次の3つの表現のほうが自然です。

どういたしまして。	**My pleasure.** (マィプレジュァ)

どういたしまして。	**No problem.** (ノゥプロブレム)

どういたしまして。	**That's OK.** ザッツオゥケィ
すみません。	**Excuse me.** エクスキュゥズミィ 人にぶつかったとき、中座するときなどの「失礼」といったニュアンスです。また、人を呼び止める際にも使います。
ごめんなさい。	**I'm sorry.** アィムソゥリィ 相手に迷惑をかけたり不快な思いをさせたときに使います。
気にしないで。	**Don't worry.** ドンウォリィ 「ごめんなさい」と謝られたときには、こう答えましょう。
気にしないで。	**Never mind.** ネヴァマィンド こう答えても OK です。

決まり文句 CD-No 6	返答　相づち

| はい。 | ▶ **Yes.** (イェス) |
| いいえ。 | **No.** (ノゥ) |

| なるほど。 | ▶ **I see.** (アィシィ) |

| まさか！ | ▶ **No way!** (ノゥウェィ) |

| いいですね。 | ▶ **Sounds good.** (サウンズグッド) |

| その通り。 | ▶ **Right.** (ラァイト) |

ほんとうに？	▶ **Really?** リィリィ
もちろんです。	▶ **Sure.** シュア
ええと……。	▶ **Let me see.** レトミィシィ 「ちょっと待って」というニュアンスのある、言い方です。
私もです。	▶ **Me, too.** ミィトゥ be動詞にも一般動詞にも使えます。 "I like jazz." "Me, too."(「ジャズが好き」「僕も」) "I'm from Sendai." "Me, too."(「仙台出身よ」「私も」)
私もです。	▶ **So am I.** ソウアムアィ be動詞の場合のみ使えます。 "I am a homemaker." "So am I." (「私は主婦です」「私もです」)

決まり文句 CD-No 7 | 聞き直す

何と言いましたか？ ▶ **Excuse me?**
<ruby>エクスキュゥズミィ</ruby>

決まり文句5にある「すみません」(謝罪)の意のときには語尾を下げて、ここのように聞き直す意のときには語尾を上げて発音しましょう。

何と言いましたか？ ▶ **Sorry?**
<ruby>ソリィ</ruby>

何と言いましたか？ ▶ **Pardon?**
<ruby>パァドゥン</ruby>

もう一度
言ってください。 ▶ **Say that again?**
<ruby>セィザッタゲン</ruby>

もう一度
言ってください。 ▶ **Can you repeat that?**
<ruby>キャニュレピィザット</ruby>

決まり文句 CD-No 8 — 旅

チェックインしたいのですが。

▶ Check in, please.
チェッキンプリィズ

空港やホテルのチェックイン時に使います。ホテルのチェックアウトの場合は "Check out, please" と言いましょう。

窓側の席をお願いします。

▶ I want a window seat.
アィワナウィンドゥシィト

通路側の席を希望する場合は "I want an aisle seat." になります。

両替所はどこですか？

▶ Where is the money exchange?
ウェァリズザマニィエクスチェィンジ

東京ホテルまでどう行けばいいですか？

▶ How can I get to the Tokyo Hotel?
ハウキャナィゲットザトーキョーホテル

荷物を3時まで保管してもらえますか？

▶ Can you keep my baggage until 3:00?
キャニュゥキィプマィバゲッジアンティルスリィオクロック

大きな荷物はホテルのクロークに預けて出かけましょう。

決まり文句 CD-No 9 電話

もしもし。
▶ **Hello.**
(ヘロゥ)

山田でございます。
▶ **This is Yamada.**
(ディシィズヤマダ)

電話をかけて名乗る場合、受けて名乗る場合とも使える表現です。かけた場合には 'calling'、受けた場合には 'speaking' をつけるのもよいでしょう。

田中さんをお願いできますか？
▶ **May I talk to Mr. Tanaka?**
(メイアイトゥクトゥミスタァタナカ)

どちらの田中でしょうか？
▶ **Which Tanaka would you like to talk to?**
(ウィッチタナカウッヂュライクトゥトゥクトゥ)

田中さんが同じ職場に2人いる場合ですね。

お待ちください。
▶ **Hold on, please.**
(ホゥルドオンプリィズ)

外出中です。	▶ **He's out now.** ヒィズアウトナウ
他の電話にかかっております。	▶ **He's on another line.** ヒィズオンアナザァライン
伝言を承りましょうか？	▶ **May I take a message?** メィアィティカメッセジ
伝言をお願いしたいのですが。	▶ **May I leave a message?** メィアィリィバメッセジ
間違っておかけです。	▶ **You've got the wrong number.** ユゥブゴッザロングナムバァ さらに "What number are you calling?"（何番におかけですか？）と聞いてあげると親切ですね。

決まり文句 CD-No.10 ショッピング

いらっしゃいませ、何かお探しですか？	▶ **May I help you?** メィアィヘルプユゥ 店員が使う決まり文句の他、「お手伝いしましょうか？」という意味で使うこともできます。
ちょっと見ているだけです。	▶ **I'm just looking.** アィムジャストルッキン
はい、ジャケットを探しています。	▶ **Yes, I'm looking for a jacket.** イェスアィムルッキンフォァジャケット
それを見せてください。	▶ **Can I see it?** キャナィシィイット
サイズはどのくらいですか？	▶ **What size is it?** ワットサィズイズィット

これを試着できますか？	▶	キャナイトゥライディスオン **Can I try this on?**

これを頂きます。	▶	アィルテイクディスワン **I'll take this one.**

'take' の代わりに 'have' でもかまいません。"This one, please." と短く言うこともできます。

これはおいくらですか？	▶	ハゥマッチイズディス **How much is this?**

クレジットカードは使えますか？	▶	キャナイペィバイクレディッカァド **Can I pay by credit card?**

「現金」の場合は 'pay in cash'、「トラベラーズチェック」は 'pay with a traveler's check'。

領収書をください。	▶	アィニィダァレシィトゥ **I need a receipt.**

決まり文句 CD-No.11 飲食店

ホットドッグを
2つください。
▶ **Two hot dogs, please.**
トゥハットドッグスプリィズ

店内でお召し上がり
ですか、それともお
持ち帰りですか？
▶ **Here or to go?**
ヒァオアトゥゴゥ

ファストフード店で尋ねられる決まり文句です。

持ち帰りで
お願いします。
▶ **To go, please.**
トゥゴゥプリィズ

「テイクアウト」は和製英語。正しくは "to go" と言います。

他に何か
いかがですか？
▶ **Anything else?**
エニィシィングエルス

いいえ、結構です。
▶ **No, thank you.**
ノゥサンキュウ

メニューをお願いします。	**May I see the menu?** （メィアィシィザメニュウ）
4人ですが席はありますか？	**Is there a table for four?** （イズゼァラティブルフォフォウ）
2人で予約をしています。	**I have a reservation for two.** （アィハヴァリザベィションフォトゥ）
禁煙席をお願いします。	**Non-smoking, please.** （ノンスモゥキングプリィズ） 喫煙席のときは "Smoking, please." と言いましょう。
お会計をお願いします。	**Check, please.** （チェックプリィズ）

決まり文句 CD-No.12 時間

今何時ですか？ ▶ **What time is it?**
（ワットタイムイズット）

今何時ですか？ ▶ **What time do you have?**
（ワットタイムドゥユウハヴ）

6時15分です。 ▶ **It's six-fifteen.**
（イッツシックスフィフテーン）

コラム7に、時間に関する詳しい言い方が載っています。

ちょっといいですか？ ▶ **Do you have a minute?**
（ドゥユウハヴァミニット）

時間がありません。 ▶ **I have no time.**
（アィハヴノゥタィム）

時間はたくさんあります。	**There's lots of time.** ゼァズロッツォブタイム
時間の無駄です。	**It's a waste of time.** イッツァウェイストブタイム
少し時間をいただけますか？	**Would you give me a few minutes?** ウッジュギヴミィアフュウミニッツ
ごゆっくりどうぞ。	**Take your time.** ティキュァタイム

相手を急かしたくないときに使いましょう。

ぎりぎり間に合った！	**Just in time!** ジャスティンタイム

決まり文句 CD-No.13 月・曜日・その他

月

1月	**January**	ジャニュアリー
2月	**February**	フェブュラリー
3月	**March**	マーチ
4月	**April**	エィプリル
5月	**May**	メイ
6月	**June**	ジューン
7月	**July**	ジュライ
8月	**August**	オゥガスト
9月	**September**	セプテンバー
10月	**October**	オクトーバー
11月	**November**	ノーヴェンバー
12月	**December**	デッセンバー

曜日

日曜日	**Sunday**	サンディ
月曜日	**Monday**	マンディ
火曜日	**Tuesday**	チューズディ
水曜日	**Wednesday**	ウェンズディ
木曜日	**Thursday**	サーズディ
金曜日	**Friday**	フライディ
土曜日	**Saturday**	サタディ

今日	today
昨日	yesterday
おととい	the day before yesterday
明日	tomorrow
あさって	the day after tomorrow
今朝	this morning
今日の午後	this afternoon
今夜	this evening
今週	this week
先週	last week
来週	next week
2週間前(後)	two weeks ago (later)

決まり文句 CD-No.14 数字

1	ワン **one**	11	イレヴン **eleven**
2	トゥー **two**	12	トゥウェルヴ **twelve**
3	スリー **three**	13	サーティーン **thirteen**
4	フォー **four**	14	フォーティーン **fourteen**
5	ファイヴ **five**	15	フィフティーン **fifteen**
6	シックス **six**	16	シックスティーン **sixteen**
7	セヴン **seven**	17	セヴンティーン **seventeen**
8	エイト **eight**	18	エイティーン **eighteen**
9	ナイン **nine**	19	ナインティーン **nineteen**
10	テン **ten**	20	トゥウェンティ **twenty**

#	English	#	English
21	twenty-one (トゥウェンティワン)	40	forty (フォーティ)
22	twenty-two (トゥウェンティトゥー)	50	fifty (フィフティ)
23	twenty-three (トゥウェンティスリー)	60	sixty (シクスティ)
24	twenty-four (トゥウェンティフォー)	70	seventy (セヴンティ)
25	twenty-five (トゥウェンティファイヴ)	80	eighty (エイティ)
26	twenty-six (トゥウェンティシックス)	90	ninety (ナインティ)
27	twenty-seven (トゥウェンティセヴン)	100	one hundred (ワンハンドレッド)
28	twenty-eight (トゥウェンティエイト)	1,000	one thousand (ワンサウザンド)
29	twenty-nine (トゥウェンティナイン)	10,000	ten thousand (テンサウザンド)
30	thirty (サーティ)	100,000	one hundred thousand (ワンハンドレッド サウザンド)

Part2

ひと目でわかる

会話表現 64

会話表現	これは (こちらは) ～です。
15 CD-No	**This is ～ .**
基本 パターン	This is + 名詞 / 形容詞 .

① ここは私のおごりです。

② これは私の名刺です。

③ これは私のメールアドレスです。

④ これは初めてです。

⑤ こちらは私の家内です。

⑥ これはいいですね。

⑦ これはかっこいいですね。

⑧ これは簡単です。

Point!

"This is 〜 ." は身近にある物に対して「これは〜だ」「こちらは〜だ」と言う表現です。また、物だけでなく人や抽象的な事象についても使うことができます。① 前置詞句をつなげることもできます。"This is on the house." と言えば、「店のおごり、サービスです」となります。⑥「おいしい」の意味にも使えます。⑦ 'cool' には「冷たい」「涼しい」という意味の他に、口語的で「素敵な」「かっこいい」という意味もあります。人、物、事象にも使われ、親しい人との会話で盛り上がる表現です。

① **This is on me.**
ディスイズオンミー

② **This is my card.**
ディスイズマイカード

③ **This is my email address.**
ディスイズマイイーメールアドレス

④ **This is my first time.**
ディスイズマイファーストタイム

⑤ **This is my wife.**
ディスイズマイワイフ

⑥ **This is good.**
ディスイズグッド

⑦ **This is cool.**
ディスイズクール

⑧ **This is easy.**
ディスイズイージー

会話表現	あれは (それは) ～です。
16 CD-No	**That is [That's] ～ .**
基 本 パターン	That's + 名詞 / 形容詞 .

① あれは私の娘です。

② あれは私の傘です。

③ それはいい考えです。

④ それは初耳です。

⑤ それはいいです。

⑥ その通りです。

⑦ それで OK です。

⑧ それは残念です。

Point!

'That is' は、会話では 'That's' と縮約することが多く、話し手や聞き手から離れたところにある物や人を指します。また、具体的な物や人以外に「そのこと、あのこと」のように前に話した内容や、そこで話題になっている事柄を指すこともできます。

⑦ 謝罪されたことに対して「大丈夫ですよ、気にしないでください」と言う場合にも使えます。⑧「それは残念」「お気の毒です」のニュアンスになります。

① **That's my daughter.**
ザッツマイドゥター

② **That's my umbrella.**
ザッツマイアンブレラ

③ **That's a good idea.**
ザッツアグッドアイディア

④ **That's news to me.**
ザッツニュウズトゥミィ

⑤ **That's fine.**
ザッツファイン

⑥ **That's true.**
ザッツトゥルー

⑦ **That's OK.**
ザッツオッケィ

⑧ **That's too bad.**
ザッツトゥバァド

会話表現 17 CD-No	～です。
	It is [It's] ～ .
基本パターン	It's + 名詞 .

① 冗談です。

② それでいいです。

③ 大助かりです。

④ 世の中狭いです！

⑤ そんなことは簡単です。

⑥ いちかばちかです。

⑦ 私の落ち度です。

⑧ あなたの番です。

Point!

'It is' = ' It's' で、ここで挙げている 'It' は「それ」と、既に話題にされている物や事柄について言及するときに使う代名詞です。天候、気温、時間などを表す 'it' の他の用法については、コラム1で詳しく説明しています。

② 'deal' は「取引」「取り決め」と言う意味で、"It's a deal." は「その条件でいいでしょう」「それで商談成立ですね」という意味合いになります。
④⑤⑧ 単純に慣用表現として覚えておくと便利な表現です。⑦ 'fault' =「過失」「落ち度」　⑧ 'turn' =「順番」「番」

① **It's a joke.**
イッツァジョゥク

② **It's a deal.**
イッツァディール

③ **It's a big help.**
イッツァビッグヘルプ

④ **It's a small world!**
イッツァスモールワールド

⑤ **It's a piece of cake.**
イッツァピースオブケイク

⑥ **It's all or nothing.**
イッツオールオァナッシング

⑦ **It's my fault.**
イッツマイファルト

⑧ **It's your turn.**
イッツユァターン

名役者 'it'

column 1

'it' といえば、基本は「それ」という物や人、事柄を表す代名詞ですよね。 "Who is it?" "It's me, Nancy."(「どちらさま?」「私よ、ナンシー」) "This apple looks delicious." "It's mine."(「このリンゴ、おいしそう」「それ私のよ」)などは基本の使い方ですが、これは、'it' のほんの手始め。もっといろいろなことができるんです。

その1 姿を見せない「主役」

まずは、'it' の特別用法で、天候 - 時間 - 距離 - 明暗 - 状況を表すときの主語としての役割です。

It's a beautiful day. (素晴らしいお天気です)
It's five o'clock. (5時です)
It's about 5 kilometers. (約5キロです)
It's dark in a basement. (地下室は暗いです)
How's it going? (どんな状況ですか?)

そう、'it' はそれぞれ「天候は」「時間は」「距離は」「明るさは」「状況は」の意味をもちますが訳されません。それぞれ例文を見てみましょう。全て主語は 'it' を使います。これらの 'it' の使い方をしっかり覚えておきましょう。

1. 天候・季節

今日は、いいお天気です。	It's nice today.
風が吹いています。	It's windy.
春です。	It's springtime.

2. 時間・日付

朝の5時です。	It's five in the morning.
水曜日です。	It's Wednesday.
2001年9月11日でした。	It was September 11, 2001.

3. 距離

駅までどのくらいですか。	How far is it to the station?
3キロです。	It's 3 kilometers.
歩いて10分です。	It's a ten-minute walk.

4. 明暗

明るすぎますか？	Is it too bright for you?
濃い霧でぼんやりしています。	It's hazy in a thick fog.
追加の照明が必要です。	It needs extra lighting.

5. 漠然とした状況

ニューヨークはどうでしたか？	How was it in New York?
ここは安全ではありません。	It's not safe here.
見込みがありそうです。	It looks hopeful.

column 1

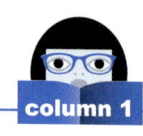

その2 働き者の「代役」

次の 'it' は「形式主語の 'it'」です。本当の主語は長いので、頭でっかちの文にならないように、'it' が形式上の主語として前に出ているパターンです。本当の主語は後ろに来る、to 不定詞、動名詞句、that 節/if 節です。もちろん 'it' は「代役」なので、訳しません。いくつか見てみましょう。

① It is impossible to find her secret money.
 （彼女のへそくりを見つけるのは不可能さ）

'to find her secret money' という長い不定詞句を主語として文頭にもっていかず、'it' を文頭に置き、実際の主語を後ろに置くんですね。つまり 'it' = 'to find her secret money' というわけです。

② It feels good jogging in the park early in the morning.
 （早朝に公園でジョギングをするのは気持ちがいいです）

こちらも 'jogging in the park early in the morning' という実際の主語を文頭にもっていかず、'it' を代わりに文頭に置いています。つまり 'it' ='jogging in the park early in the morning' となります。

③ It is a nice surprise that Tony and Nancy got engaged.
 （トニーとナンシーが婚約したっていうのはうれしい驚きだね）

本当の主語 'that Tony and Nancy got engaged' ではなく、'it' を文頭に置いています。つまり 'it' = 'that Tony and Nancy got engaged' というわけです。

このように、実際の主語に、不定詞句、動名詞句、that 節/if 節、どれを使うかを決め、'it' を主語に始めれば OK ですね。主語となる部分に、主語と動詞が必要なら③のように that 節や if 節を、そうでないなら、①のように to 不定詞、または②のように動名詞句を使いましょう。

※ ☐ ……本主語

手伝ってくださるとはご親切ですね。

It's kind of you to help me.

飲み過ぎは身体によくありません。

It's not good to drink too much.

昔の友人たちに会えるのはうれしいです。

It makes me happy seeing my old friends.

ブラウン先生が受賞したのは当然です。

It seems natural that Dr. Brown won the prize.

ここに座ってもいいですか？

Is it OK if I sit here?

会話表現 18 CD-No	～があります。
	There is [There's] ～ .
基本パターン	There's + 名詞 .

① いいニュースがあります。

② この近くにいいレストランがあります。

③ あなたと私では1つ大きな違いがあります。

④ それについて心配することは何もないです。

⑤ いくつか問題があります。

⑥ うちは3人家族です。

⑦ オフィスには2人山田さんがいます。

⑧ お店に客がいないです。

Point!

「〜があります」という表現で、人や物、抽象的な事柄にも使えます。後ろにくる名詞が単数か複数かで 'is' か 'are' を選択します。会話では、'There is' は 'There's' と、'There are' は 'There're' と縮約できます。

③ 'between A and B' = 「AとBの間には」　⑤ 'some' は「いくらかの」「少しの」。若干の物や人の数、量を表すときに使います。⑥ 'three people' の 'people' を省略して 'three' だけで言うこともできます。⑧ 'no customer' でもOK。その場合は 'There is' になります。

① **There's good news for you.**
ゼァズグッドニュゥズフォユゥ

② **There's a nice restaurant near here.**
ゼァズァナイスレストランニァヒァ

③ **There's one big difference between you and me.**
ゼァズワンビッグディファレンスビトゥィンユウアンミィ

④ **There's no need to worry about it.**
ゼァズノゥニィドトワリィアバゥトィット

⑤ **There're some problems.**
ゼァアサムプロブレムス

⑥ **There're three people in my family.**
ゼァアスリィピーポーインマィファミリィ

⑦ **There're two Yamadas in my office.**
ゼァアトゥヤマダズインマィオフィス

⑧ **There're no customers in the shop.**
ゼァアノッカスタマァズインザショップ

一般動詞と be 動詞 総まとめ

column 2

英文を作るときに基本となる言葉は「主語」と「動詞」です。「主語」は動作をする人・物、「動詞」はその動作を表す言葉です。

「主語」は、I/you/he/she/it/we/they；Tom/children/lions/Mt. Fuji などなど、代名詞や名詞が主語になることができます。

「動詞」は2種類あります。「一般動詞」と呼ばれる、動作を表す動詞(sleep/eat/run/make/stand/sit/drink など)と、存在・状態(〜がある、〜でいる)を表す「be 動詞」is/am/are/was/were があります。

1. 現在時制 vs. 過去時制

「一般動詞」も「be 動詞」も動詞ですから、その動作が行われる時制で変化します。基本の現在時制と過去時制を見てみましょう。

1) 一般動詞については、大切なことが2つあります。

① 主語が単数(1人、1つ)で三人称(I、you 以外)、なおかつ現在行う行動のときには後ろに '-s' ('-es') をつけます(3単現の 's')。

うちのネコは床の上で寝る。　　Our cat sleeps on the floor.
彼はチョコレートが好きだ。　　He likes chocolate.
マイクは DVD で映画を観る。　Mike watches DVD movies.

② 過去になされた行動を表すときには、後ろに '-ed' をつけます。①の現在時制とは違い、主語が単数で三人称の場合でも同じです。ただし、不規則な過去形をとる動詞がいくつかあるので、それらはしっかり覚えてしまいましょう。例えば、put-put/read-read (発音はリード - レッド)/ go-went/drink-drank/drive-drove/eat-ate/sleep-slept/have-had/see-saw などがあります。

昨日テニスをした。	I play<u>ed</u> tennis yesterday.
山中湖までドライブした。	We <u>drove</u> to Lake Yamanaka.

2) be 動詞については、現在形 3 つ、過去形 2 つしかないので簡単です！
① 現在形は is/am/are ですね。

he/she/it (単数名詞)	→	is
I	→	am
you/we/they (複数名詞)	→	are

それは朝刊に載っている。	It <u>is</u> in the morning paper.
おなかがすいた。	I <u>am</u> hungry.
日本出身だ。	We <u>are</u> from Japan.

② 過去形は was と were ですね。

he/she/it (単数名詞)	→	was
I	→	was
you/we/they (複数名詞)	→	were

ジェーンはその時 17 歳だった。	Jane <u>was</u> seventeen then.
招待客は正装だった。	Guests <u>were</u> in formal dress.

2. 否定文の作り方

否定文も、「一般動詞」と「be 動詞」では、作り方が違います。パターンを覚えてしまえば簡単です。

1) 一般動詞については、動詞の前に do not/does not/did not (会話では don't/doesn't/didn't と短縮形で発音) を入れるだけ、動詞はいずれも「原形」になることに注意しましょう。

column 2

一般動詞・現在時制……主語 + do not/does not + 動詞の原形 〜

一般動詞・過去時制……主語 + did not + 動詞の原形 〜

それでは、一般動詞の①と②の例文を否定文に変えてみましょう。

うちのネコは床の上で寝ない。
 Our cat does not sleep on the floor.

彼はチョコレートが好きではない。
 He does not like chocolate.

マイクは DVD で映画を観ない。
 Mike does not watch DVD movies.

昨日テニスをしなかった。
 I did not play tennis yesterday.

山中湖までドライブしなかった。
 We did not drive to Lake Yamanaka.

2) be 動詞の場合は、後ろに否定の 'not' をつけるだけですね。会話では、isn't/aren't/wasn't/weren't と短縮形で発音されます。

be 動詞・現在時制……主語 + is/am/are + not 〜

be 動詞・過去時制……主語 + was/were + not 〜

それでは、be 動詞の①と②の例文を否定文にしてみましょう。

それは朝刊に載っていなかった。 It is not in the morning paper.
おなかがすいていない。   I am not hungry.
日本出身ではない。   We are not from Japan.
ジェーンはその時 17 歳ではなかった。

         Jane was not seventeen then.
招待客は正装ではなかった。 Guests were not in formal dress.

3. 疑問文の作り方

疑問文も「一般動詞」と「be 動詞」では作り方が違います。これもパターンを覚えれば簡単です。

1) 一般動詞の場合は、文頭に「〜か？」に当たる Do/Does/Did を加えるだけです。後ろの動詞はいずれも「原形」になることに注意しましょう。

一般動詞・現在時制……Do/Does + 主語 + 動詞の原形 〜
一般動詞・過去時制……Did + 主語 + 動詞の原形 〜

それでは、先の一般動詞の例文を疑問文にしてみましょう。

お宅のネコは床の上で寝る？	Does your cat sleep on the floor?
彼はチョコレートが好き？	Does he like chocolate?
マイクは DVD で映画を観る？	Does Mike watch DVD movies?
昨日テニスをした？	Did you play tennis yesterday?
山中湖までドライブした？	Did you drive to Lake Yamanaka?

2) be 動詞の場合、be 動詞を文頭にもってくるだけです。

be 動詞・現在時制……Is/Am/Are + 主語 〜
be 動詞・過去時制……Was/Were + 主語 〜

先の be 動詞の例文を疑問文にすると、どうなるでしょうか。

それは朝刊に載っている？	Is it in the morning paper?
おなかがすいている？	Are you hungry?
日本出身？	Are you from Japan?
ジェーンは当時 17 歳だった？	Was Jane seventeen then?
招待客は正装だった？	Were guests in formal dress?

会話表現 19 CD-No	私は〜です。
	I am [I'm] 〜 .
基本パターン	**I'm 名詞 / 形容詞 / 前置詞句 .**

① 私はトモコさんの友人です。

② 私は25歳です。

③ 私は真剣です。

④ 私は準備できました。

⑤ 私は明日暇です。

⑥ 私は日本からです。

⑦ 私は困ったことになりました。

⑧ 私はどうしたらいいかわからないです。

Point!

'I am' は、会話では 'I'm' と使われることが多いです。名詞や形容詞をつなげて、名前、職業、年齢、他の人との関係や感情 ('happy' 'angry') など、自分自身についての現在の事実を伝えることができます。⑥⑦⑧のように前置詞句 'from Japan' や 'in trouble'、'at a loss' をつなげても、自身の状態や事実を伝えることができます。

⑥ "Where are you from?"(ご出身はどちらですか？) と聞かれたときや、自己紹介のときに使う表現です。

① **I'm Tomoko's friend.**
アイムトモコズフレンド

② **I'm twenty-five years old.**
アイムトゥエンティファイブイヤーズオールド

③ **I'm serious.**
アイムシィリアス

④ **I'm ready.**
アイムレディ

⑤ **I'm free tomorrow.**
アイムフリートゥモロー

⑥ **I'm from Japan.**
アイムフロムジャパン

⑦ **I'm in trouble.**
アイムイントラブル

⑧ **I'm at a loss what to do.**
アイムアトアロスワットゥドゥ

会話表現 20 CD-No	～と感じます。
	I feel ～ .
基本パターン	I feel + 形容詞 / 名詞 .

① 寒いと感じます。

② 気分が悪いと感じます。

③ 眠たいと感じます。

④ 申し訳ないと感じます。

⑤ 気分がよくなっていると感じます。

⑥ 彼女が気の毒だと感じます。

⑦ 息切れしていると感じます。

⑧ それが必要だと感じます。

Point!

　英語で一番大切なことは、主語と動詞をどう使うかということです。特に動詞は複数の意味をもち、「熟語」といわれる他の単語との連結で意味が変化する場合も多くあります。ここからは、簡単で役立つ6つの動詞を順番に取り上げてみます。まず最初は「感じる」「思う」という意味の 'feel'。体調や感情を表現する動詞です。

　④ ②と同じ意味にもなります。'feel bad about 〜 ' は「〜について申し訳なく思う」「〜について不愉快に思う」。⑦ 'out of breath' = 「息を切らして」

① **I feel cold.**
アイフィルコールドゥ

② **I feel sick.**
アイフィルシィック

③ **I feel sleepy.**
アイフィルスリィピィ

④ **I feel bad.**
アイフィルバッド

⑤ **I feel better.**
アイフィルベタァ

⑥ **I feel sorry for her.**
アイフィルソリィフォハァ

⑦ **I feel out of breath.**
アイフィルアットブブレス

⑧ **I feel it necessary.**
アイフィルイットネセサリィ

会話表現 21 CD-No	～が必要です。
	I need ～ .
基 本 パターン	**I need +** 名詞 / 動名詞 **.**

① 私はあなたが必要です。

② 私はあなたの手助けが必要です。

③ 私はあなたのアドバイスが必要です。

④ 私は水が必要です。

⑤ あなたは少し休むことが必要です。

⑥ そのレストランは予約が必要です。

⑦ あなたの車は洗車が必要です。

⑧ この報告書は書き直しが必要です。

Point!

　簡単で役立つ6つの動詞、2番目は 'need' です。「必要だ」という意味で「～しなければならない」というニュアンスを含みます。人だけでなく、物を主語にすることもできます。同じ意味の 'must' や 'have to' との使い分けについては、会話表現 37 を参照してください。
　⑤ 'rest' =「休憩」　⑦ 'car wash' =「洗車」

① **I need you.**
アィニィジュ

② **I need your help.**
アィニィドゥァヘルプ

③ **I need your advice.**
アィニィドゥァアドゥバイス

④ **I need some water.**
アィニィドゥサムウォーター

⑤ **You need some rest.**
ユウニィドサムレスト

⑥ **The restaurant needs a reservation.**
ザレストゥランニィザリザベィション

⑦ **Your car needs a car wash.**
ユァカーニィザカーワッシュ

⑧ **This report needs rewriting.**
ディスリポートニィズリライティング

会話表現 22 CD-No	～を下さい。
	I want ～ .
基本パターン	I want + 名詞 .

① メニューを下さい。

② 休暇を下さい。

③ もう少し下さい。

④ もっと小さいのを下さい。

⑤ これを下さい。

⑥ 紅茶を下さい。

⑦ 濃いコーヒーを下さい。

⑧ それ全部下さい。

Point!

　簡単で役立つ 6 つの動詞、3 番目は 'want' です。「〜が欲しい」という直接的な表現になるので、同じ意味の 'would like' を使う方が、丁寧で柔らかい印象があります (会話表現 39 参照)。'want' の方はわかりやすい表現ですが、場所と相手によって、この 2 つを使い分けるといいでしょう。'want' には、文の最後に 'please' をつけると、少し丁寧になります。

　② 'a day off' も「休暇」。④⑤ 'one' は具体的な単語 (名詞) の代わりに使えて便利。'one' が何を指すかお互いわかっているときに使えます。

① I want a menu.
アィワンナメニュゥ

② I want a vacation.
アィワンナヴァケイション

③ I want a little more.
アィワンナリタルモゥ

④ I want a smaller one.
アィワンナスモラァワン

⑤ I want this one.
アィワントディスワン

⑥ I want some tea.
アィワントサムティ

⑦ I want strong coffee.
アィワントストロングカフィ

⑧ I want them all.
アィワンゼムオゥル

会話表現 **23** CD-No	〜と思います。
	I think 〜 .
基本パターン	I think + that 節 .

① そう思います。

② 理解したと思います。

③ 大丈夫だと思います。

④ あなたはそれが嫌いだと思います。

⑤ あなたは正しいと思います。

⑥ 彼は間違っていると思います。

⑦ それはいいアイデアと思います。

⑧ 昼食を抜く必要があると思います。

Point!

　簡単で役立つ6つの動詞、4番目は「思う」「考える」という意味の 'think' です。節 (主語 + 動詞～) を伴った表現で、'I think' を付けることにより、主張を婉曲に伝える効果があります。節を導く 'that' が口語では省かれることがほとんどです。
　① 節を伴わない例。'so' は前の話を受けて同意を表しています。⑧ 'skip lunch' =「昼食を抜く」

① **I think so.**
アィセィンクソゥ

② **I think I understand.**
アィセィンクアィアンダスタン

③ **I think I'm all right.**
アィセィンクアィムオゥライト

④ **I think you don't like it.**
アィセィンクユッドントライキィト

⑤ **I think you are right.**
アィセィンクユアライト

⑥ **I think he is wrong.**
アィセィンクヒズロング

⑦ **I think it's a good idea.**
アィセィンクイッツァグッドアィディア

⑧ **I think we need to skip lunch.**
アィセィンクウィニィドトゥスキッブランチ

会話表現 **24** CD-No	〜を作ります。〜をします。 **I make 〜 .**
基本パターン	I make + 名詞 .

① 毎日お弁当を作ります。

② 彼女は高給を取っています。

③ 私たちは皆、間違いをします。

④ 納得します。

⑤ 予約をしました。

⑥ パリに出張しました。

⑦ 新しいレシピをメモしました。

⑧ 間に合いました。

Point!

　簡単で役立つ 6 つの動詞、5 番目は 'make' です。「作る」という意味の動詞ですが、具体的な「物」以外 ('time' 'friend' 'space' 'offer' 'joke' など) も「作れる」し、それ以外にも「〜にする」「うまくいく」など、多様な意味をもつ便利な動詞です。英語らしい表現なので楽しみながら使ってみましょう。
　③ 失敗をした人に対して「誰にでも間違いはあるよ」と慰める言葉。④「なるほどね」のニュアンス。'make sense' =「もっともだ」　⑥ 'make a trip' =「旅をする」　⑧ 'make it on time' =「(時間に) 間に合う」

① **I make a boxed lunch every day.**
アィメイカボックトゥランチエブリディ

② **She makes a good salary.**
シーメイクスアグッドサラリー

③ **We all make mistakes.**
ウィオルメイクミステイクス

④ **That makes sense.**
ザッメイクスセンス

⑤ **I made a reservation.**
アィメイダリザヴェィション

⑥ **I made a business trip to Paris.**
アィメイダビジネストリップトパリス

⑦ **I made a note of the new recipe.**
アィメイダノートゥオブザニューレシピ

⑧ **I made it on time.**
アィメイドイットオンタイム

会話表現 25 CD-No	～があります。
	I have ～ .
基本パターン	I have + 名詞 .

① 問題があります。

② 頭痛があります。

③ いい考えがあります。

④ 見当がつきません。

⑤ 今日は休暇です。

⑥ 小銭が少しあります。

⑦ 妹が 2 人います。

⑧ 友達と約束があります。

Point!

簡単で役立つ6つの動詞、最後は 'have' です。'have' には「(物を)持っている」の意味があるだけではなく、もっとさまざまな場面で使うことができます。ここではよく使う決まり文句的な文例を中心に挙げていますので、詳しくはコラム3をどうぞ。驚くほど便利な 'have'、ちょっとした使い方を知っているだけで、表現力がアップしますよ。

④「さっぱりわからない」のニュアンスになります。'idea'=「考え」「意見」「心当たり」 ⑤ 'day off' =「休暇、休み」 ⑧ 'appointment' =「約束」

① I have a problem.
アイハヴァプロブレム

② I have a headache.
アイハヴァヘデック

③ I have a good idea.
アイハヴァグッドアイディア

④ I have no idea.
アイハヴノゥアイディア

⑤ I have a day off today.
アイハヴァディオフトゥディ

⑥ I have some small change.
アイハヴサムスモゥルチェィンジス

⑦ I have two younger sisters.
アイハヴトゥヤンガーシスターズ

⑧ I have an appointment with my friend.
アイハヴァンアポィントメントウィズマィフレンド

超お役立ち動詞 'have'

column 3

　動詞の 'have' の意味は「持っている」だけだと思ってはいませんか？もしも 'have' で、毎日の生活のかなりの部分を表現できるとしたら、この超お役立ち動詞をマスターしない手はないですよね。物、病気・体調、約束や質問、ファッション、天候、食べ物、性格……これら全部を 'have' で言えるんです。そこで、覚えておくと便利な単語、フレーズ、表現をまとめてみました。

1. 基本の「～(物・人)がある、いる」

本社は香港にあります。　　We have our head office in Hong Kong.
私の車には、カーナビとETCが搭載されています。
　　　　　　　　My car has a car navigation system and ETC.
犬と2匹の猫を飼っています。　　We have a dog and two cats.

2. 病気や体調不良

風邪を引いています。　　　I have a cold.
歯が痛いです。　　　　　　I have a toothache.
鼻血が出ていますよ。　　　You have a bloody nose.
　病名や症状を言いかえるだけで、いろんな表現ができますね。

熱 a fever ／咳 a cough ／鼻水 a runny nose ／喉痛 a sore throat ／肩こり stiff shoulders ／胃痛 a stomachache ／花粉症 hay fever ／水虫 athlete's foot ／虫歯 a cavity ／高血圧 high blood pressure ／妊娠 a baby

3. 抽象的な事柄(時間、約束、質問、夢、希望など)

質問があります。　　　　　　　　I have some questions.

2時に約束しています。	We have an appointment at 2:00.
ヤングさんからお電話です。	You have a call from Mr. Young.

4. 「〜を着る、身に付ける」といった、服装、ファッション、化粧

彼はTシャツとジーンズを着ています。

He has a T-shirt and jeans on.

彼女は左の薬指にダイヤの指輪をしています。

She has a diamond ring on her ring finger.

母は、すっぴんです。　　　My mother has no makeup on.

5. 天候にも 'have'

日本には梅雨があります。　We have a rainy season in Japan.
北海道では雪です。　　　They are having snow in Hokkaido.
ハワイにいる間、美しい夕日を見ました。

We had beautiful sunsets in Hawaii.

6. 食事や食べ物を「食べる、飲む」

私はハンバーグ定食にします。　I have a hamburger steak set.
ここで、コーヒーにしましょう。　　Let's have coffee here.
シャンパンで乾杯しましょう。

Let's have champagne for toasting.

7. 性格や考え方

彼は強烈な個性をもっています。　He has a strong character.
娘は明るい性格です。My daughter has a cheerful personality.
トムはユーモアのセンスがあります。Tom has a sense of humor.

会話表現 26 CD-No	～しています。～する予定です。 I'm ~ ing.
基本パターン	I'm + 動詞の現在分詞 .

① 今行きます。

② 犬の散歩をしています。

③ 銀座に向かっています。

④ 体調がいいです。

⑤ 携帯電話を探しています。

⑥ 早いお返事を楽しみにしています。

⑦ 来年定年の予定です。

⑧ 金曜日に友達と夕食を食べる予定です。

Point!

　「～している最中」「～する予定」と、進行中の動作や確定された未来を表す「現在進行形」と呼ばれるパターンです。「予定」は時を表す副詞（句）'tomorrow' 'next week' 'on Friday' などがついているので、「最中」と区別できます。例：「野球をしているところです」(最中)= "We are playing baseball."「日曜日に野球をする予定です」(予定)= "We are playing baseball on Sunday."
　⑤「携帯電話」='cell-phone'。口語では 'cell' でOK。⑥ ビジネスレターやメールなどで使う決まり文句。返事を待つ丁寧な表現。ぜひ覚えておきましょう。

① I'm coming.
アィムカミング

② I'm walking the dog.
アィムウォーキングザドッグ

③ I'm going to Ginza.
アィムゴーイングトゥギンザ

④ I'm feeling well.
アィムフィリンウェル

⑤ I'm looking for my cell.
アィムルッキンフォマィセル

⑥ I'm looking forward to hearing from you soon.
アィムルッキンフォワードトゥヒァリンフロムユッスーン

⑦ I'm retiring next year.
アィムリタィアリングネックストイヤ

⑧ I'm having dinner with my friend on Friday.
アィムハヴィングディナーウィズマィフレンドオンフラィディ

会話表現 27 CD-No	～したことがあります。～し終わったところです。ずっと～しています。
	I have [I've] ~ ed.
基本パターン	I've + 動詞の過去分詞 .

① 以前この本を読んだことがあります。

② ローマには3回行ったことがあります。

③ それは聞いたことがありません。

④ もう注文しました。

⑤ まだ終わっていません。

⑥ もうお昼を食べましたか？

⑦ 今週はずっと忙しくしています。

⑧ あなたは全然変わっていません。

Point!

　今まで(に)「〜したことがある」(経験)、「〜し終わったところ」(完了)、「ずっと〜している」(継続)の3つを表現する「現在完了形」です。「経験」は「回数」を表す 'twice' 'many times' 'never' 'before'、「完了」は現在と関係のある「時」を表す 'just now' 'today' 'recently' 'already'、「継続」は「期間」を表す副詞(句) 'for 3 years' 'since' などと一緒に使われることが多いです。
　②「〜へ行ったことがある」は 'have been to 〜 '。'have gone to 〜 ' は「〜へ行ってしまった(今はもうここにはいない)」という意味。⑤ 'yet' = 「まだ」

① I've read this book before.
アィヴレッドィスブックビフォァ

② I've been to Rome three times.
アィヴビーントゥロウムスリィタイムス

③ I've never heard of it.
アィヴネヴァハードブイット

④ I've already ordered.
アィヴオルレディオーダェドゥ

⑤ I haven't finished yet.
アィハヴントフィニッシュトイェット

⑥ Have you had lunch?
ハヴユハッドランチ

⑦ I've been busy this week.
アィヴビンビジィディスウーク

⑧ You haven't changed at all.
ユゥハヴントチェィンジトアオール

会話表現	～ましょう。～でしょう。
28 CD-No	I will [I'll] ～ .
基本パターン	I'll + 動詞の原形 .

① やってみましょう。

② 考えておきましょう。

③ あなたに知らせましょう。

④ すぐに行きましょう。

⑤ 駅であなたを待っていましょう。

⑥ 彼はすぐに戻るでしょう。

⑦ 彼女は来年20歳になるでしょう。

⑧ 明日は雨が降るでしょう。

Point!

　単純な未来を表す「～だ、だろう」と、話し手の意志を表す「～するつもり」を伝える、助動詞 'will' です。会話では、I'll(I will) と短縮形で使うことが多く、後に続く動詞は原形になります。
　② 頼み事を婉曲に断るときにも使えますね。③ 'let + 人 + 動詞' =「(人)に～させる」(許可)　例：'let Tom drive a new car' =「トムに新車を運転させる」④ 'right' は「すぐに、ただちに」の意味。「ただちにそこにいるよ」→「すぐに行くよ」となります。

① **I'll try.**
アィルトゥライ

② **I'll think about it.**
アィルシンクアバゥテット

③ **I'll let you know.**
アィルレットユノゥ

④ **I'll be right there.**
アィルビーライトゼア

⑤ **I'll be waiting for you at the station.**
アィルビィウェイティングフォユアザスティション

⑥ **He'll be back soon.**
ヒィルビバックスーン

⑦ **She'll be twenty next year.**
シィルビィトゥエニィネクストイァ

⑧ **It'll rain tomorrow.**
イトルレィントゥモロゥ

会話表現 29 CD-No	〜ところです。〜つもりです。
	I'm going to 〜 .
基本パターン	I'm going to + 動詞の原形 .

① 彼に会いに行くところです。

② 美容院に行くところです。

③ 今からお風呂に入るところです。

④ 午後、友達に会うつもりです。

⑤ 今日は残業するつもりです。

⑥ 週末は家にいるつもりです。

⑦ 来月引っ越すつもりです。

⑧ 午後は雨が降りそうです。

Point!

　進行形ですが「〜しようとしているところ」「〜するつもり」と、話し手の近い未来や意図を表現するもので、日常とてもよく使われるパターンです。話の流れで、どちらの意味かを判断しましょう。会話表現 28 の 'I will' と同じように使えますが、それに比べ (1) より口語的、(2) より近い未来の事柄 (〜しようとしているところ) を表す、(3) より強い話し手の意志 (〜するつもり) と実現可能なことを表すのが特徴です。

⑤ 'work overtime' = 「残業する」　⑦ 'move' = 「引っ越す」

① **I'm going to see him.**

アィムゴーィントゥシィヒム

② **I'm going to get a haircut.**

アィムゴーィントゥゲッタヘアカット

③ **I'm going to take a bath now.**

アィムゴーィントゥティクァバスナゥ

④ **I'm going to see my friend this afternoon.**

アィムゴーィントゥシィマィフレンディスアフタヌーン

⑤ **I'm going to work overtime today.**

アィムゴーィントゥワークオゥヴァタイムトゥディ

⑥ **I'm going to stay home this weekend.**

アィムゴーィントゥスティホームディスウィーケンド

⑦ **We're going to move next month.**

ウィアゴーィントゥムーヴネクストマンス

⑧ **It's going to rain this afternoon.**

イッツゴーィントゥレィンディスアフタヌーン

会話表現 30 CD-No	〜できます。/ 〜できません。〜はずがありません。
	I can 〜 . / I can't 〜 .
基本パターン	I can + 動詞の原形 . / I can't + 動詞の原形 .

① 明日お会いできます。

② 5分以内にできます。

③ それを忘れることができます。(気にしないでください)

④ 彼女にメールできます。

⑤ それに我慢できません。

⑥ あなたと一緒に行くことができません。

⑦ それは簡単なはずがありません。

⑧ それは真実のはずがありません。

Point!

'can' は可能性「〜できる」を表現する助動詞で、「〜してもよい」という許可の意味にも使われます。'can't' はその否定形で「〜できない」や、推量の「〜であるはずがない」の意味にも使われます。
③「気にしないで忘れてほしい」というときに使えます。'You can' を省いてカジュアルに言うこともできます。⑤ 'stand' には「立つ」「立てる」の他に「我慢する」「耐える」の意味もあります。

① **I can see you tomorrow.**
アィキャンシィユトゥモロゥ

② **I can do it in five minutes.**
アィキャンドゥイトィンファイヴミニッツ

③ **You can forget about it.**
ユゥキャンフォゲットアバウティット

④ **You can email her.**
ユゥキャンイーメイルハァ

⑤ **I can't stand it.**
アィキャントスタンディット

⑥ **I can't go with you.**
アィキャントゴーウィズユー

⑦ **It can't be easy.**
イトキャントビーイージィ

⑧ **It can't be true.**
イトキャントビートゥルゥ

会話表現 31 CD-No	〜ばなりません。〜に違いありません。
	I must 〜 .
基本パターン	I must + 動詞の原形 .

① 寝なければなりません。

② もうそろそろ行かなければなりません。

③ 早急にしなければなりません。

④ 約束は守らなければなりません。

⑤ 冗談に違いありません。

⑥ あなたは空腹に違いありません。

⑦ 彼は忙しいに違いありません。

⑧ それは間違いに違いありません。

Point!

　義務・必要性を表す「～しなければならない」、推量を表す「～に違いない」「～だろう」を表現する、助動詞 'must' です。前者では命令のニュアンスを含むこともあり、日常会話ではより優しい表現の 'have to' が使われます（会話表現 37 参照）。また 'must' には過去形がなく、未来も 'will' と一緒に使うことができないので、過去の出来事には 'had to'、未来には 'will have to' を使います。② 訪問先を後にするときに使います。⑤「まさか、ご冗談を」のニュアンスです。⑧「きっと間違いだ」の意。

① **I must go to bed.**
アィマストゥゴゥトゥベッド

② **I must be going now.**
アィマストゥビィゴィングナゥ

③ **I must do it quickly.**
アィマストゥドゥイトクィックリィ

④ **You must keep your promise.**
ユゥマストゥキープユァプロミス

⑤ **You must be kidding.**
ユゥマストゥビィキディング

⑥ **You must be hungry.**
ユゥマストゥビィハングリィ

⑦ **He must be busy.**
ヒィマストゥビィビジィ

⑧ **It must be wrong.**
イトマストゥビィロング

会話表現 **32** CD-No	〜かもしれません。〜してもいいです。
	You may 〜 .
基本パターン	**You may + 動詞の原形 .**

① あなたは彼女を知っているかもしれません。

② 彼女は遅れるかもしれません。

③ 彼は今外出中かもしれません。

④ それは本当かもしれません。

⑤ 座ってもいいです。(お掛けください)

⑥ 入ってもいいです。(お入りください)

⑦ もう行ってもいいです。

⑧ 私たちと一緒に来てもいいです。

Point!

　推量の「~かもしれない」「たぶん~だろう」、許可の「~してもよい」を表す、助動詞 'may' です。許可を表す場合少し硬い表現なので、カジュアルな場では 'can' を使いましょう (会話表現 30 参照)。
　③ 'be out' =「留守の」「外出中の」　⑤ 'have a seat' =「座る」。同じ「座る」の意味の 'sit down' を使うと、やや命令のニュアンスになることもあるので、婉曲な表現 'have a seat' を使いましょう。⑥「どうぞお入りください」という意味で、家や部屋などに入ってもらうときに使います。

① **You may know her.**
ユゥメイノゥハァ

② **She may be late.**
シィメィビィレィト

③ **He may be out now.**
ヒィメィビィアウトナゥ

④ **It may be true.**
イットメィビィトゥルゥ

⑤ **You may have a seat.**
ユゥメイハヴァシィト

⑥ **You may come in.**
ユゥメイカムィン

⑦ **You may go now.**
ユゥメイゴゥナゥ

⑧ **You may come with us.**
ユゥメイカムウィズアス

会話表現 **33** CD-No	**〜べきです。〜はずです。**
	You should 〜 .
基本パターン	**You should + 動詞の原形 .**

① 禁煙するべきです。

② 彼女に謝るべきです。

③ すぐにその作業を終えるべきです。

④ もっと気をつけるべきです。

⑤ 彼はすぐに戻るはずです。

⑥ それはもっと高価なはずです。

⑦ すべてがうまくいっているはずです。

⑧ その列車は定刻に到着するはずです。

Point!

控えめな忠告や助言「～したほうがいい」「すべきだと思う」、期待・可能性「きっと～だ」「～のはずだ」を表すときは、助動詞 'should' です。

① 'give up ～' =「(習慣など)をやめる」 ③ 'work' =「作業」 ⑧ 'on time'=「定刻に」

① **You should give up smoking.**
ユゥシュドギブアップスモッキング

② **You should apologize to her.**
ユゥシュドアポロジャイズトゥハァ

③ **You should finish the work soon.**
ユゥシュドフィニッシュザワークスーン

④ **You should be more careful.**
ユゥシュドビィモァケァフル

⑤ **He should be back soon.**
ヒィシュドビィバックスーン

⑥ **It should be more expensive.**
イットシュドビィモァイクスペンシィヴ

⑦ **Everything should be OK.**
エヴリシングシュドビィオッケィ

⑧ **The train should be arriving on time.**
ザトゥレインシュドビィアラィヴィングオンタイム

交通のあれこれ

column 4

通勤、通学、買い物、そして旅行など、日常生活に欠かせない交通機関(transportation)について、覚えておくと便利な単語、フレーズ、表現をまとめてみました。

1. いろいろな単語を見てみましょう。

公共交通機関	public transportation		
ジェイアール	JR/Japan Railways		
私鉄	private railways		
新幹線	the Shinkansen/the bullet train		
特急列車	limited express train		
急行列車	express train		
快速列車	rapid train	普通列車	local train
夜行列車	night train	寝台列車	sleeper train
地下鉄	subway	バス	bus
船	ship	飛行機	airplane
宇宙船	spaceship		
グリーン車	first-class car		
普通車	economy-class car		
指定席車両	reserved car	自由席車両	unreserved car
喫煙車	smoking car	禁煙車	non-smoking car
食堂車	dining car	寝台車	sleeping car
切符	a ticket		
定期券	a commuer pass/a train pass		
回数券	coupon tickets		

2. 「(乗り物)で行く」表現は？

箱根に電車で行きます。	We take a train to Hakone.
六本木までタクシーで行きます。	We take a taxi to Roppongi.
元町までバスで行きます。	We take a bus to Motomachi.
エレベーターで屋上庭園に行きます。	We take an elevator to the rooftop garden.
エスカレーターで5階に行きます。	We take an escalator to the 5th floor.
10時半の飛行機でパリに行きます。	We take the 10:30 flight to Paris.
彼はバイクで通勤しています。	He rides a motorcycle to work.
彼女は買い物は自転車です。	She rides a bike for shopping.
長崎に船で行きます。	We travel by boat to Nagasaki.
北海道に車で行きます。	We drive to Hokkaido.
明日、ソウルに飛行機で行きます。	We fly to Seoul tomorrow.

3. 「～に乗る」「～を降りる」「～に乗り換える」「～に乗り継ぐ」

大手町で地下鉄に乗ります。	I get on the subway at Otemachi.
難波駅で降ります。	I get off at Namba station.
京都駅でJR線に乗り換えます。	I change trains to JR at Kyoto station.
ニューヨークでロンドンへ飛行機を乗り継ぎます。	I make a plane connection at New York for London.

会話表現 34 CD-No	〜してすみません。〜でお気の毒です。
	I'm sorry 〜 .
基本パターン	**I'm sorry + for/about + 名詞 / 動名詞 / to + 動詞の原形 .**

① ご面倒をかけてすみません。

② ご不便をかけてすみません。

③ 遅れてすみません。

④ 先日はすみません。

⑤ 自転車を盗まれたそうでお気の毒です。

⑥ 約束をキャンセルしてすみません。

⑦ お待たせしてすみません。

⑧ ジョンと別れたそうでお気の毒です。

Point!

"I'm sorry." だけでも「すみません」(謝罪)や「お気の毒です」(同情)の意味になり、"I'm sorry 〜." は「〜してすみません」「〜でお気の毒です」と、謝罪や同情の内容をはっきりさせた表現です。どちらの意味かは、後に続く事柄によって判断できますね。① 'trouble' =「面倒」「手数」 ⑤ "I'm sorry to hear your bike was stolen." と言うこともできます。「自転車」= 'bike' は、'bicycle' の短縮形。「バイク」= 'motorbike' 'motorcycle' ⑦ 'make + 人 + 動詞' =「(人)に〜させる」(強制) 例:'make her lose weight' =「彼女に減量させる」 ⑧ 'break up with 〜' =「〜と別れる」

① I'm sorry for the trouble.
アィムソゥリィフォザトゥラブル

② I'm sorry for the inconvenience.
アィムソゥリィフォジィインコンヴィーニエンス

③ I'm sorry for being late.
アィムソゥリィフォビーィングレィトゥ

④ I'm sorry about the other day.
アィムソゥリィアバットジアザァディ

⑤ I'm sorry about your bike being stolen.
アィムソゥリィアバットユァバイクビーィングストゥルン

⑥ I'm sorry about canceling the appointment.
アィムソゥリィアバットキャンセリングジアポィントゥメント

⑦ I'm sorry to make you wait.
アィムソゥリィトゥメィキュウェィト

⑧ I'm sorry to hear you're breaking up with John.
アィムソゥリィトゥヒァユァブレィキンナップウィズジョン

会話表現 35 CD-No	～を嬉しく思います。
	I'm glad ～.
基本パターン	**I'm glad + at/about + 名詞 / to + 動詞の原形 / that 節 .**

① その知らせを嬉しく思います。

② あなたのご結婚を嬉しく思います。

③ お会いして嬉しく思います。

④ お会いしたことを嬉しく思います。

⑤ またお会いできて嬉しく思います。

⑥ それを聞いて嬉しく思います。

⑦ お越しくださったことを嬉しく思います。

⑧ 手伝ってくださったことを嬉しく思います。

Point!

　ここで挙げている基本パターンでは「〜を嬉しく思う」の意味になります。「to + 動詞の原形」のパターンでは「喜んで〜する」という意味にも使えます。例：「喜んでご自宅に送りますよ」= "I'm glad to take you home."
　③は初対面で、④はその別れ際に、⑤は再会したときに使う挨拶です。
⑦⑧ 口語では 'that' を省きます。

① **I'm glad at the news.**
アィムグラッドアトザニュウズ

② **I'm glad about your marriage.**
アィムグラッドアバゥトユァマリッジ

③ **I'm glad to meet you.**
アィムグラッドトゥミートユゥ

④ **I'm glad to have met you.**
アィムグラッドトゥハヴゥメットユゥ

⑤ **I'm glad to see you.**
アィムグラッドトゥシィユゥ

⑥ **I'm glad to hear that.**
アィムグラッドトゥヒァザット

⑦ **I'm glad you came.**
アィムグラッドユゥケィム

⑧ **I'm glad you helped me.**
アィムグラッドユゥヘルプトミィ

会話表現 36 CD-No	～と確信しています。
	I'm sure ~ .
基本パターン	**I'm sure + of/about + 名詞 / that/wh 節 .**

① そのことを確信しています。

② 彼の成功を確信しています。

③ それができると確信しています。

④ 彼が解雇されると確信しています。

⑤ あなたがそれを気に入ると確信しています。

⑥ 彼女の年齢はよくわかりません。

⑦ あなたの言っている意味がよくわかりません。

⑧ 彼が来るかどうかよくわかりません。

Point!

　この基本パターンは「きっと〜だと思う」「確信する」の意味。('sure to 〜' とすると「必ず、きっと〜する」という意味にも使えます。例:「彼は絶対に来ます」= "He is sure to come." (= "I'm sure that he will come."))
　③④⑤ 口語では 'that' を省きます。④ 'fire' は動詞で「解雇する」という意味があります。⑥⑦⑧ 否定形になると「確信していない」→「よくわからない」というニュアンスになります。

① **I'm sure of it.**
アイムシュアオビット

② **I'm sure of his success.**
アイムシュアオブヒズサクセス

③ **I'm sure I can do it.**
アイムシュアアイキャンドゥイット

④ **I'm sure he will be fired.**
アイムシュアヒィウィルビィファイヤッド

⑤ **I'm sure you will like it.**
アイムシュアユウィルライキット

⑥ **I'm not sure about her age.**
アイムノットシュアバウトハァエイジ

⑦ **I'm not sure what you mean.**
アイムノットシュアワットユゥミーン

⑧ **I'm not sure if he will come.**
アイムノットシュアイフヒィウィルカム

会話表現 37 CD-No	〜しなければいけません。
	I have to 〜 .
基本パターン	I have to + 動詞の原形 .

① もう行かなければいけません。

② もうおいとましなければいけません。

③ あなたは体重を落とさなければいけません。

④ あなたは電車を乗り換えなければいけません。

⑤ 今朝は早く起きなければいけませんでした。

⑥ 急ぐ必要はありません。

⑦ あなたが心配する必要はありません。

⑧ 現金で払わなければいけませんか？

Point!

「~しなければならない」「~するべき、必要がある」と、義務や必要を表す 'have to' は、口語的で日常よく使われる表現なので、覚えておくと便利です。'must' や 'need to' も同じ意味ですが、それぞれニュアンスが違うので、使い分けをしましょう。例:「彼女は明日7時までに出社しなければいけない」= "She has to come to the office by 7:00 tomorrow."(義務・必要) "She must come to the office by 7:00 tomorrow."(義務) "She needs to come to the office by 7:00 tomorrow."(必要)

① **I have to go now.**
アイハフトゴゥナゥ

② **I have to say good-bye now.**
アイハフトセィグッドバィナゥ

③ **You have to lose weight.**
ユゥハフトルゥズウェイト

④ **You have to change trains.**
ユゥハフトチェィンジトゥレインズ

⑤ **I had to get up early this morning.**
アイハッドトゲッタップアーリィディスモーニング

⑥ **I don't have to hurry.**
アィドントハフトハリィ

⑦ **You don't have to worry.**
ユゥドントハフトウォリィ

⑧ **Do I have to pay cash?**
ドゥアィハフトゥペィキャッシュ

会話表現 38 CD-No	以前は〜していました。
	I used to 〜 .
基本パターン	**I used to + 動詞の原形 .**

① 以前はたばこを吸っていました。

② 以前はロックを好んでいました。

③ 以前は大阪に住んでいました。

④ 以前は毎年ハワイを訪れていました。

⑤ 以前、彼女は長い髪でした。

⑥ 以前は犬を飼っていました。

⑦ 以前はここに素敵なレストランがありました。

⑧ 以前、街には賑やかな商店街がありました。

Point!

「(昔)よく〜した」「(以前は)〜の状態だった」と、過去の習慣的動作や状態を現在と比較したり、過去の状態の継続を表すパターンです。「以前はよく〜したが/だったが、今は〜していない/でない」というニュアンスですね。例:「よく一緒にゴルフをしたものだった」= "We used to play golf together."(習慣的動作)「以前はここに大きな木があった」= "There used to be a big tree here."(今はなくなっている。状態の継続)

① I used to smoke.
アィユゥストスモック

② I used to like rock music.
アィユゥストライクロックミュジック

③ I used to live in Osaka.
アィユゥストィリヴィンオッサカ

④ I used to visit Hawaii every year.
アィユゥストヴィジットハワイエヴェリィァ

⑤ She used to have long hair.
シィユゥストハヴロングヘァ

⑥ We used to keep a dog.
ウィユゥストキープァドッグ

⑦ There used to be a nice restaurant here.
ゼェァユゥストビィァナイスレストランヒア

⑧ The town used to have busy shopping streets.
ザタゥンユゥストハヴビジィショッピングストゥリーツ

会話表現 **39** CD-No	～をしたいのですが。/ ～を頂きたいのですが。
	I would [I'd] like to ～ . / I would [I'd] like ～ .
基本パターン	I'd like to + 動詞の原形 . / I'd like + 名詞 .

① 予約をしたいのですが。

② 2人分の席の予約をしたいのですが。

③ 注文のキャンセルをしたいのですが。

④ 髪の毛のカットをしたいのですが。

⑤ あなたに質問をしたいのですが。

⑥ もう少しコーヒーを頂きたいのですが。

⑦ このセーターの黄色を頂きたいのですが。

⑧ レアで私のステーキを頂きたいのですが。

Point!

「～したい」を表現するパターンです。'I want to' の直接的な願望表現に対して、'I would like to' は婉曲、丁寧な願望表現で、会話では 'I'd like to' と短縮形を使います。"I'd like + 名詞" の場合は "I'd like to have ～" の 'to have' が省略されたもので「～を頂きたい」「～を頂きます」と欲しいものを伝える表現です (⑥⑦⑧ はすべて 'to have' が省略。会話表現 22 参照)。

①はホテルやチケット、レストランなどいろいろな予約に使いますが、②はレストランの予約時のみに使います。

① **I'd like to make a reservation.**
アィドラィクトメィカヴァリザヴェィション

② **I'd like to reserve a table for two.**
アィドラィクトリザァバティブルフォトゥ

③ **I'd like to cancel my order.**
アィドラィクトキャンセルマィオゥダァ

④ **I'd like to have a haircut.**
アィドラィクトハヴァヘァカット

⑤ **I'd like to ask you a question.**
アィドラィクトアァスキュアクェスチョン

⑥ **I'd like some more coffee.**
アィドラィクサムモァカフィ

⑦ **I'd like this sweater in yellow.**
アィドラィクディススウェダァインイェロゥ

⑧ **I'd like my steak rare.**
アィドラィクマィステイクレァ

会話表現 40 CD-No	～をありがとう。
	Thank you for ~ .
基本パターン	Thank you for + 名詞 / 動名詞 .

① いろいろとありがとう。

② 手伝ってくれてありがとう。

③ メールをありがとう。

④ 素敵なプレゼントをありがとう。

⑤ 電話をありがとう。

⑥ 待ってくれてありがとう。

⑦ 来てくれてありがとう。

⑧ 家に送ってくれてありがとう。

Point!

"Thank you." は "I thank you." の 'I' を省略した、感謝を表す表現ですね。"Thanks." と、よりカジュアルに言うこともできます。"Thanks a lot." "Thanks a million." "Thank you very much." などと、感謝のニュアンスを強めることができます(決まり文句5参照)。このように単独でも使えますが、ここでは具体的に「何」に対しての感謝なのか 'for ~' をつなげて言ってみましょう。

⑥「お待ちどおさま」のニュアンス。⑦「いらっしゃい」のニュアンス。

① **Thank you for everything.**
サンキュゥフォァエブリシィング

② **Thank you for your help.**
サンキュゥフォァユァヘルプ

③ **Thank you for your email.**
サンキュゥフォァユァイーメイル

④ **Thank you for your nice present.**
サンキュゥフォァユァナイスプレゼント

⑤ **Thank you for calling.**
サンキュゥフォァコーリング

⑥ **Thank you for waiting.**
サンキュゥフォァウェイティング

⑦ **Thank you for coming.**
サンキュゥフォァカミング

⑧ **Thank you for taking me home.**
サンキュゥフォァティキンミィホーム

会話表現 41 CD-No	これは〜ですか？/ それは〜ですか？ Is this 〜 ? / Is that 〜 ?
基本パターン	Is this + 名詞 / 形容詞 ? / Is that + 名詞 / 形容詞 ?

① 山田さんですか？

② これは正しい道ですか？

③ これが初めての海外旅行ですか？

④ これは無料ですか？

⑤ そうですか？

⑥ それは正しいですか？

⑦ それが全てですか？

⑧ それは本当ですか？

Point!

会話表現 15 と 16 の疑問文。'this' は近くにある物や人「これ」「この人」、今話している・自分が話している「このこと」、'that' は遠くにある物や人「あれ」「あの人」、前に話した・相手が話している「そのこと」を表す代名詞です。ここでは物事を指す「このこと」「その / あのこと」について尋ねてみましょう。① 電話で相手が誰か確認する言い方。対面しているときには "Are you Mr. Yamada?" ② 道が合っているか聞きたいときに。'way' は「道」の他に「方法」の意味も。⑤「へえ、そうなの？」と驚きのニュアンス。

① **Is this Mr. Yamada?**
イズディスミスタァヤマダ

② **Is this the right way?**
イズディスザライトウェイ

③ **Is this your first travel abroad?**
イズディスユァファーストトラベルアブロッドゥ

④ **Is this free?**
イズディスフリー

⑤ **Is that so?**
イズザットソゥ

⑥ **Is that correct?**
イズザットコレクト

⑦ **Is that all?**
イズザットオゥル

⑧ **Is that true?**
イズザットゥルゥ

会話表現 42 CD-No	〜ですか？
	Are you 〜 ?
基本パターン	**Are you + 形容詞 ?**

① 大丈夫ですか？

② 準備はいいですか？

③ のどが乾きましたか？

④ 本気ですか？

⑤ 確かですか？

⑥ 道に迷いましたか？

⑦ 終わりましたか？

⑧ 今、お忙しいですか？

Point!

　会話表現 19「私は～です」の疑問文「あなたは～ですか？」です。be 動詞の入った文の疑問文は、常に be 動詞を文頭にもってくるのでしたね（コラム 2 参照）。"I am ～ ." → "You are ～ ." → "Are you ～ ?" となるわけです。
　① 相手の具合が悪そうなとき、都合を尋ねるときなど、「大丈夫？」と聞く場面で使えます。⑦ 'finished' は、口語で人が仕事などを「済ませて」「終えて」という意味の形容詞。⑧ 'right now' は「今この時、この瞬間」を指します。

① Are you OK?
アユゥオッケー

② Are you ready?
アユゥレディ

③ Are you thirsty?
アユゥサースティ

④ Are you serious?
アユゥシィリァス

⑤ Are you sure?
アユゥシュア

⑥ Are you lost?
アユゥロゥスト

⑦ Are you finished?
アユゥフィニッシュト

⑧ Are you busy right now?
アユゥビジィライトナゥ

会話表現 43 CD-No	～しますか？
	Do you ～ ?
基本パターン	**Do you + 動詞の原形 ?**

① イタリア料理は好きですか？

② お風呂に入りますか？

③ ひとりで暮らしていますか？

④ 本当にそう思いますか？

⑤ よく眠れましたか？

⑥ 私に電話をくれましたか？

⑦ 医者に診せましたか？

⑧ 彼女に連絡をとりましたか？

Point!

特定の行動をする/したかどうか、尋ねるパターンです。「Do/Does/Did + 主語 + 動詞の原形」で、日常頻繁に使われる表現なので、しっかりマスターしておきましょう。答え方は、①~④は "Yes, I do." または "No, I don't."、⑤~⑧は "Yes, I did." または "No, I didn't." となります。コラム5では4つの動詞をピックアップして、さらに詳しく説明しています。

⑦ 'see a doctor' =「医者に行く」　⑧ 'get in touch with ～ ' =「～に連絡をする」

① **Do you like Italian food?**
ドゥユゥライクイタリァンフッド

② **Do you take a bath?**
ドゥユゥティカバス

③ **Do you live alone?**
ドゥユゥリヴアロン

④ **Do you really think so?**
ドゥユゥリリィシィンクソゥ

⑤ **Did you sleep well?**
ディジュゥスリープウェル

⑥ **Did you call me?**
ディジュゥコールミィ

⑦ **Did you see a doctor?**
ディジュゥシーアドクタァ

⑧ **Did you get in touch with her?**
ディジュゥゲッティンタッチウィズハァ

Do you 〜 ?

column 5

「会話表現43」では、いろいろな動詞を 'Do you' につなげて、知りたい行動についての疑問文を作りました。ここでは、同じく "Do you 〜 ?" のパターンを使って、日常よく使われる動詞 'have' 'know' 'mean' 'think' をピックアップ、「使える表現」を集めてみました。

1. [have]

「持つ」という意味から、「ある」「いる」となり、日常いろいろなシーンで「〜はありますか？」という表現に使えます。'have' については、コラム3でより詳しく説明していますので、そちらもご覧いただくと、さらに理解が深まります。

2人ですが、席はありますか？
Do you have a table for two?

休日の予定はありますか？
Do you have any plans for the holidays?

これの色違いはありますか？
Do you have this in any other colors?

楽しんできましたか？
Did you have a good time?

2. [know]

「知る」という意味から、名詞や疑問詞で始まる文をつなげて、「〜を知っていますか？」「〜がわかりますか？」という表現に使われます。

彼女のメールアドレスを知っていますか？
Do you know her email address?

どうしてかわかりますか？
　　Do you know why?

私の言ってる意味がわかりますか？
　　Do you know what I mean?

駐車場がどこか知っていましたか？
　　Did you know where the parking lot was?

3. **[mean]**

「意味する」という意味ですが、「意図する」「するつもり」「大切に思う」などの意味もあり、「〜するつもりですか？」「〜ということですか？」と相手の意思や発言内容を確認するのに使われます。

私のことを言っていますか？　　Do you mean me?
それ、本気ですか？　　Do you really mean it?
それはどういう意味ですか？　　What do you mean by that?
彼の職探しを手伝うつもりですか？

　　　　　　　　　Do you mean to help him find a job?

4. **[think]**

「思う」「考える」という意味で、相手の考えや思っていることを聞くときに使いますが、「思い出す」などにも使えます。

そう思いますか？　　　　　　Do you think so?
それ、本当だと思いますか？　Do you think it's true?
会議は中止だと思いますか？　Do you think the meeting is off?
故郷のこと、時々思い出しますか？

　　　　　　Do you think of your hometown sometimes?

会話表現 44 CD-No	～がありますか？
	Is there ～ ?
基本パターン	**Is there + 名詞 ?**

① 空港行きのバスがありますか？

② 近くにお手洗いはありますか？

③ この辺に公衆電話はありますか？

④ あなたのためにできることが何かありますか？

⑤ 追加料金はかかりますか？

⑥ 私宛にメッセージはありますか？

⑦ それが何か問題ありますか？

⑧ 近くに駐車場はありますか？

Point!

　会話表現18の疑問文「～がある？」です。be動詞の入った文の疑問文は、常にbe動詞を文頭に移動するだけですから、'Is there' で始めればいいわけですね(コラム2参照)。後にくる名詞が複数形の場合は 'Are there' で始めます。
　④ 'anything' は漠然と「何か」という意味。⑤～⑧ 'any' を疑問文のとき名詞につけると「いくらかの」といったニュアンスになります。⑧ 'parking lot' = 「駐車場」

① **Is there a bus to the airport?**
イズゼァ バストゥジエアポート

② **Is there a rest room near here?**
イズゼァ ラレストルームニァヒァ

③ **Is there a pay phone around here?**
イズゼァ ペイフォンアラウンドヒァ

④ **Is there anything I can do for you?**
イズゼァ エニィシィングアィキャンドゥフォーユゥ

⑤ **Are there any extra charges?**
アーゼァ エニィエクストラチャージス

⑥ **Are there any messages for me?**
アーゼァ エニィメッセィジズフォミィ

⑦ **Are there any problems with that?**
アーゼァ エニィプロブレムスウィズザット

⑧ **Are there any parking lots near here?**
アーゼァ エニィパーキングロッツニァヒァ

会話表現 45 CD-No	〜してもらえる？
	Can [Will] you 〜 ?
基本パターン	Can [Will] you + 動詞の原形 ?

① 手伝ってもらえる？

② 砂糖をとってもらえる？

③ 後で電話してもらえる？

④ お皿を洗ってもらえる？

⑤ 彼女に尋ねてもらえる？

⑥ 窓を開けてもらえる？

⑦ 車に乗せてもらえる？

⑧ 一緒に来てもらえる？

Point!

相手に依頼や要望、勧誘をする「〜してもらえる？」「〜しない？」のパターン。'Can you'は「〜できる？」と「能力」を問うニュアンスになることがあり（例えば相手が英語を話すか尋ねるとき "Can you speak English?"「英語が話せる？」ではなく "Do you speak English?"「英語を話す？」が適切）、'Will you' は「命令」のニュアンスがあるので要注意。どちらも直接的な表現なので、家族や親しい友人同士のときに使いましょう。文末に 'please' を加えると、少し丁寧な表現になります。会話表現 46 では、より丁寧な言い方を紹介しています。

① **Can you help me?**

キャンニュゥヘルプミィ

② **Can you pass me the sugar?**

キャンニュゥパスミィザシュガー

③ **Can you call me later?**

キャンニュゥコールミィレイタァ

④ **Can you wash the dishes?**

キャンニュゥウォッシュザディシェズ

⑤ **Will you ask her?**

ウィリュゥアースクハァ

⑥ **Will you open the window?**

ウィリュゥオープンザウィンドゥ

⑦ **Will you give me a ride?**

ウィリュゥギブミィアライド

⑧ **Will you come with me?**

ウィリュゥカムウィズミィ

会話表現 46 CD-No	～していただけますか？
	Could [Would] you ～ ?
基本パターン	Could [Would] you + 動詞の原形 ?

① 席を代わっていただけますか？

② 少しお待ちいただけますか？

③ もう少しゆっくり話していただけますか？

④ 駅までの道を教えていただけますか？

⑤ 静かにしていただけますか？

⑥ ドアを閉めていただけますか？

⑦ 写真を撮っていただけますか？

⑧ タクシーを呼んでいただけますか？

Point!

　会話表現 45 と同じく、相手に「依頼」「要望」「勧誘」を伝えるパターンです。婉曲で丁寧な表現になるので、職場など改まった場所で使いましょう。'Would you' のほうには 'Yes' の答えを期待するニュアンスがあります。
　⑥ 'shut' の代わりに 'close' でも同じ意味になります。「開ける」場合は 'open' を使います。

① **Could you change seats with me?**
クジュウチェィンジシーツウィズミィ

② **Could you wait a minute?**
クジュウウェイタミニット

③ **Could you speak more slowly?**
クジュゥスピークモァスローリィ

④ **Could you tell me how to get to the station?**
クジュゥテルミィハゥトゥゲットゥザステイション

⑤ **Would you be quiet?**
ウジュゥビィクワィエット

⑥ **Would you shut the door?**
ウジュゥシャットザドァ

⑦ **Would you take a picture?**
ウジュゥティカピクチュァ

⑧ **Would you call a taxi for me?**
ウジュゥコーラタクシィフォァミィ

会話表現 47 CD-No	〜しませんか？/ 〜はいかがですか？
	Would you like to 〜 ? / Would you like 〜 ?
基本パターン	Would you like to + 動詞の原形 ? / Would you like + 名詞 ?

① ご一緒しませんか？

② 何か飲み物はいかがですか？

③ コーヒーをもう1杯いかがですか？

④ ランチをご一緒しませんか？

⑤ お手伝いしましょうか？

⑥ レシートはいかがですか？

⑦ コーヒーか紅茶はいかがですか？

⑧ もう少しいかがですか？

Point!

"Would you like to 〜 ?" は勧誘や提案「〜しませんか？」、"Would you like 〜 ?" は、"Would you like to + have + 物 ?" の 'to + have' が省略されたパターンで「〜はいかが？」と物を勧めるときに使います。したい行為は「like to + 動詞の原形」で、欲しい物は「like + 名詞」で表します。
⑤「人に〜してほしい」ときは、'Would you like + 人 + to 〜 ' を使います。「私に手伝ってほしいですか？」 → 「お手伝いしましょうか？」という意味になります。⑧ 食べ物や飲み物を、さらに勧めるときに使います。

① Would you like to join us?
ウジュライクトゥジョインナス

② Would you like to drink something?
ウジュライクトゥドゥリンクサムシィング

③ Would you like to have another cup of coffee?
ウジュライクトゥハヴアナザァカッポブカフィー

④ Would you like to have lunch with me?
ウジュライクトゥハヴランチウィズミィ

⑤ Would you like me to help you?
ウジュライクミィトゥヘルプユゥ

⑥ Would you like a receipt?
ウジュライカレシート

⑦ Would you like tea or coffee?
ウジュライクティオァカフィ

⑧ Would you like some more?
ウジュライクサムモァ

会話表現	～してもいいですか？
48 CD-No	**Could [May] I ～ ?**
基 本 パターン	**Could [May] I + 動詞の原形 ?**

① ビールをいただいてもいいですか？

② この傘を借りてもいいですか？

③ 今、話しかけてもいいですか？

④ 予約をとってもいいですか？

⑤ 入ってもいいですか？

⑥ ここに座ってもいいですか？

⑦ 質問してもいいですか？

⑧ 今日の午後、お宅を訪ねてもいいですか？

Point!

'I' を主語にして「〜してもいいですか？」と、相手の「許可」を得るパターンです。'Could I' は少し丁寧な表現なので、職場や目上の人、レストランやショッピングで使いましょう。'May I' はへりくだった言い方で、丁寧ですが堅苦しい表現となります。家族や親しい友人との会話では、カジュアルな表現の 'Can I' で OK。'Could I' や 'Can I' は、文末に 'please' をつけたすことができます。
① レストランなどで注文時に。⑧ 'call on 〜' = 「〜を訪問する」

① Could I have a beer?
クドゥアィ ハヴァ ビア

② Could I borrow this umbrella?
クドゥアィ ボロゥ ディス アンブレラ

③ Could I talk to you now?
クドゥアィ トーク トゥ ユゥ ナゥ

④ Could I make a reservation?
クドゥアィ メィカ リザベーション

⑤ May I come in?
メィアィ カム イン

⑥ May I sit here?
メィアィ スィット ヒア

⑦ May I ask you a question?
メィアィ アースク ユゥア クェスション

⑧ May I call on you this afternoon?
メィアィ コール オン ユゥ ディス アフタヌーン

会話表現	～しましょうか？ /（一緒に）～しましょうか？
49 CD-No	**Shall I ～ ? / Shall we ～ ?**
基本パターン	Shall I + 動詞の原形 ? / Shall we + 動詞の原形 ?

① お手伝いしましょうか？

② 駅までお連れしましょうか？

③ エアコンをつけましょうか？

④ お迎えに行きましょうか？

⑤ このまま続けましょうか？

⑥ ひと休みしましょうか？

⑦ ゴルフをしましょうか？

⑧ 今晩食事をしましょうか？

Point!

　相手の意図を尋ねる、ちょっと気取った言い方です。「私が〜しましょうか？」は 'Shall I'、「一緒に〜しましょうか？」「さあ、〜しましょう」は 'Shall we' で表現します。

　③ エアコンを「つける」という 'turn on'。「消す」のは 'turn off'。照明やガスにも使えます。④「迎えに行く」のですが 'go'（行く）ではなく、相手側に立って尋ねているので 'come'（来る）を使います。⑧ 'eat out' で「外食」を意味します。家で食べるときは 'eat at home' や 'eat in' を使いましょう。

① **Shall I give you a hand?**
シャルアィギヴユアハンド

② **Shall I take you to the station?**
シャルアィティキュトゥザスティション

③ **Shall I turn on the air conditioner?**
シャルアィターノンジエァコンディショナァ

④ **Shall I come to pick you up?**
シャルアィカムトゥピックユゥアップ

⑤ **Shall we keep going?**
シャルウィキープゴゥイング

⑥ **Shall we take a break?**
シャルウィティカブレィク

⑦ **Shall we play golf?**
シャルウィプレィゴルフ

⑧ **Shall we eat out tonight?**
シャルウィイータウトトナィト

否定文で始める疑問文

column 6

疑問文には、"Are you 〜 ?" "Do you 〜 ?" など肯定文で始める疑問文と、"Aren't you 〜 ?" "Don't you 〜 ?" "Won't you 〜 ?" など、否定文で始める疑問文もあります。ここでは、この否定文で始める疑問文をいくつか見てみます。

それぞれが伝えるニュアンスで分類してみると、
1. 不確かな事柄を確認する
2. 自分の考えを強調し、時に相手に同意を求める
3. 非難や驚きを込める
4. 勧誘・提言をする

などがあります。同じ表現でも状況によって、1 〜 3 のニュアンスは流動的かもしれません。

ひとつ気をつけたいことは、答え方です。否定文で聞かれていますが、事実なら 'Yes'、事実でなければ 'No' と答えます。

あなたは吉田さんではありませんか？

Aren't you Ms. Yoshida?

あなたが、吉田さんなら　　Yes, I am.
　　　　違うなら　　　　　No, I'm not.

納豆は好きじゃないの？

Don't you like natto?

あなたが、納豆を好きなら　Yes, I do.
　　　　嫌いなら　　　　　No, I don't.

1. 不確かな事柄を確認する

"Are you a history teacher?" は単純に「あなたは歴史の先生ですか？」と聞いているのですが、"Aren't you a history teacher?" のときには「たぶん歴史の先生だと思うが、確認したい」というニュアンスになり、否定文で始まる疑問文が使えます。

これ、あなたのじゃないの？
　Isn't this yours?

あなたはブラウンさんではありませんか？
　Aren't you Mr. Brown?

彼らはブータン出身じゃないの？
　Aren't they from Bhutan?

(手をつけていない寿司を見て) 寿司は好きじゃないの？
　Don't you like sushi?

(お腹が鳴っているのを聞いて) 朝食をとらなかったの？
　Didn't you have breakfast?

2. 自分の考えを強調し、時に相手に同意を求める

"She is cute." は単に「彼女、かわいいね」と言っているだけですが、"Isn't she cute?" は「彼女、かわいくない？」と、強調し、相手の同意を求めるニュアンスになります。

それ、おもしろくない？
　Isn't it funny?

このシャツ、素敵じゃない？
　　Isn't this shirt cool?

このケーキ、甘すぎない？
　　Isn't this cake too sweet?

そう思わない？
　　Don't you think so?

疲れてない？
　　Don't you feel tired?

3. 非難や驚きを込める

"Do you speak English?" は「英語を話しますか？」と単純に尋ねているだけですが、"Don't you speak English?" には「英語を話せないの？」といった驚き、または非難が感じられます。

毎晩テレビゲームして彼は飽きないの？
　　Isn't he tired of playing video games every night?

何か忘れてない？
　　Aren't you forgetting something?

私のこと覚えてないの？
　　Don't you remember me?

写真を撮らなかったの？
　　Didn't you take any pictures?

彼女は自分の飲み物代を払わなかったの？
　　Didn't she pay for her drinks?

4. 勧誘・提言をする

　勧誘をする言い方はいくつかありますが、ここでは家族や友人に使えるカジュアルなパターンの "Won't you 〜 ?" (="Will you not 〜 ?") を見てみましょう。「〜しない？」と誘う表現で、"Will you 〜 ?" と言いかえても同じ意味です (会話表現 45 参照)。日常出番の多いパターンですね。

一緒に来ない？
　Won't you come with me?

明日、映画に行かない？
　Won't you go to the movies tomorrow?

コーヒー飲まない？
　Won't you have some coffee?

ゲームしない？
　Won't you join me for a game?

キャッチボールしない？
　Won't you play catch with me?

会話表現	～は何ですか？
50 CD-No	**What is [What's] ～ ?**
基本 パターン	What's + 名詞 / 形容詞 ?

① これは何ですか？

....

② (ゴルフの) ハンデはいくつですか？

....

③ 彼のメールアドレスは何ですか？

....

④ 問題は何ですか？

....

⑤ 今日は何日ですか？

....

⑥ あなたの専攻は何でしたか？

....

⑦ 彼女の結婚式はどうでしたか？

....

⑧ 問題は何ですか？

....

Point!

　「何」を聞く疑問詞は 'what' ですね。'What is' の後ろに、知りたい物 (名詞) や様子 (形容詞) をつなげます。会話では、短縮形の 'What's' を使うことが多いようです。疑問詞で始まる疑問文は、疑問詞を強く発音し、原則として文尾を下げることも覚えておきましょう。
　④⑧「どうかした？」のニュアンスです。⑤「日にち」は 'date' で聞きます。「曜日」は "What day is it today?" と尋ねましょう。⑥ 大学での専攻を聞く表現。

① **What's this?**
ワッツディス

② **What's your handicap?**
ワッツユァハンディキャップ

③ **What's his email address?**
ワッツヒズイーメィルアドレス

④ **What's the matter?**
ワッツザマター

⑤ **What's the date today?**
ワッツザディトトディ

⑥ **What was your major?**
ワットワズユァメィジャー

⑦ **What was her wedding like?**
ワットワズハァウェディングライク

⑧ **What's wrong?**
ワッツロング

会話表現 51 CD-No	何を〜しますか？
	What do you 〜 ?
基本パターン	What do you + 動詞の原形 ?

① どう思いますか？

② どういう意味ですか？

③ 何が欲しいですか？

④ 何をしたいですか？

⑤ 彼女の結婚式で何を着ますか？

⑥ 何と言いましたか？

⑦ 朝食に何を食べましたか？

⑧ 休日に何をしましたか？

Point!

「あなたは何を〜する？」と、このパターンも「何」を聞きたいので 'What' で始め、その後ろに「あなたは〜する？」('do you 〜 ?') をつなげ疑問文にします。例えば、何を「書く？」「歌う？」「飲む？」は 'What' の後に 'do you write?' 'do you sing?' 'do you drink?' となります。

⑦「食べる」= 'eat' の代わりに 'have' もよく使います。⑧ 'day off' は特別にとった「休暇日」です。'paid vacation'（有給休暇）、'holiday'（祭日）、'weekend'（週末）も一緒に覚えておきましょう。

① **What do you think?**
ワッドゥユゥシィンク

② **What do you mean?**
ワッドゥユゥミーン

③ **What do you want?**
ワッドゥユゥウォント

④ **What do you want to do?**
ワッドゥユゥウォントドゥ

⑤ **What do you plan to wear for her wedding?**
ワッドゥユゥプラントゥウェアフォハーウェディング

⑥ **What did you say?**
ワッディドユゥセイ

⑦ **What did you eat for breakfast?**
ワッディドユゥイートフォブレックファースト

⑧ **What did you do on your day off?**
ワッディドユゥドゥオンユァディオフ

会話表現 52 CD-No	何を〜しているのですか？
	What are you 〜ing?
基本パターン	What are you + 動詞の現在分詞 ?

① 何をしているのですか？

② 何を話しているのですか？

③ 何を見ているのですか？

④ 何を探しているのですか？

⑤ 彼女は何を考えているのですか？

⑥ スーザンは何を夕食に作っているのですか？

⑦ 彼らは何を待っているのですか？

⑧ 昨晩、何をしていましたか？

Point!

　「今、何を〜しているのか？」という、現在進行中の動作を聞くパターンです。このパターンも「何？」ですから 'What' で始め、「〜しているのか？」は進行形の「is/are + 主語 + 〜 ing」になります。例えば、何を「考えているの？」「見ているの？」「計画しているの？」は 'What' の後に 'are you thinking?' 'are you watching?' 'are you planning?' をつければいいですね。
　③④ 'look at' は「見る」「見つめる」、'look for' は「探す」の意味です。違いを覚えておきましょう。

① **What are you doing?**
ワットアーユゥドゥイング

② **What are you talking about?**
ワットアーユゥトーキングアバウト

③ **What are you looking at?**
ワットアーユゥルッキングアット

④ **What are you looking for?**
ワットアーユゥルッキングフォァ

⑤ **What is she thinking about?**
ワットイズシーシィンキングアバウト

⑥ **What is Susan cooking for dinner?**
ワットイズスーザンクッキングフォディナー

⑦ **What are they waiting for?**
ワットアーゼィウェイティングフォァ

⑧ **What were you doing last night?**
ワットワーユードゥーイングラーストナイト

会話表現 **53** CD-No	何〜ですか？
	What 〜 ?
基本パターン	What + 名詞 ?

① それは何サイズですか？

② 何階が事務所ですか？

③ 何の職業ですか？

④ 何時が都合いいですか？

⑤ 今日は何曜日ですか？

⑥ 何色が好きですか？

⑦ 何時の帰社ですか？

⑧ 何時に起きるつもりですか？

Point!

　特定のものについて「何〜？」と聞きたいときには、'What' にその単語（名詞）をつなげます（「何語」ならば 'What language'）。その後に知りたい事柄を疑問文で続けます。例：「君は何語を話すの？」= "What language do you speak?"

　④ 'What time' は 'When' と置き換えることもできますが、特に「時間」を知りたいときには前者、「日にち」を知りたいなら後者と、使いわけましょう。⑤「今日は何日？」は "What day of the month is it today?"　⑦ 'get off work' =「帰社する」。「出社する」は 'get to work'。⑧ 'get up' =「起きる」。「寝る」は 'go to bed'。

① **What size is it?**
ワットサイズイズィット

② **What floor is the office on?**
ワットフロァイズジオッフィスオン

③ **What business are you in?**
ワットビジネスアーユゥイン

④ **What time is best for you?**
ワットタイムイズベストフォユー

⑤ **What day of the week is it today?**
ワットデイオブザウィークイズィットゥデイ

⑥ **What color do you like?**
ワットカラードゥユゥライク

⑦ **What time does he get off work?**
ワットタイムダズヒィゲットフワーク

⑧ **What time are you going to get up?**
ワットタイムアーユーゴーイングトゥゲッタップ

時間の言い方

column 7

　時間を表す言い方には、いくつかのレベルがあります。ストレートな表現が覚えやすく、言いやすいと思いますが、'a quarter to' や 'a quarter after'、'a quarter of'、'half past' なども、すぐに出てくるようにしたいですね。

　それでは、いろいろな言い方を見てみましょう。

10:00	ten	
	ten o'clock	
10:05	ten-oh-five	
	five after ten	five past ten
10:15	ten-fifteen	
	a quarter after ten	a quarter past ten
10:30	ten-thirty	
	half past ten	
10:45	ten-forty-five	
	a quarter to eleven	a quarter of eleven
10:50	ten-fifty	
	ten to eleven	ten of eleven
午前 12:00	midnight	
	twelve midnight	
午後 12:00	noon	
	twelve noon	

コラム1で触れたように、時間は 'It's' を使って言います。時間帯を明確に言いたい場合には、時間の後に a.m./in the morning（午前の、朝に）や p.m./in the afternoon（午後の、午後に）、in the evening/at night（夕方に、夜に）などをつなげてみましょう。

<例1>

A：すみません、今何時ですか？

　　Excuse me, do you have the time?

B：はい。3時20分です。

　　Sure. It's three-twenty.

<例2>

A：約束は何時ですか？

　　What time is your appointment?

B：午前8時半です。

　　It's eight-thirty in the morning.

＊時の単位

　「何時」という表現では登場しませんが、何かと必要な「時の単位」についてまとめてみました。

a second / 秒　　　a minute / 分　　　an hour / 時間
a day / 日　　　　a week / 週　　　　a month / 月
a year / 1年　　　a decade / 10年　　a century / 100年
a millennium / 1000年

会話表現 54 CD-No	～は誰ですか？
	Who is ～ ?
基本パターン	**Who is + 代名詞 / 名詞 ?**

① どちらさまですか？

② 彼は誰ですか？

③ 彼女のボーイフレンドは誰ですか？

④ あなたの先生は誰ですか？

⑤ あなたの好きな俳優は誰ですか？

⑥ あなたが探しているのは誰ですか？

⑦ あそこにいる子どもたちは誰ですか？

⑧ 電話は誰でしたか？

Point!

「～は誰？」は疑問詞 'who' で始めればいいですね。その後に、be動詞をつなげて尋ねたい人を続けます。

① 訪ねて来たのが誰なのか、ドア越しに尋ねるときに使いましょう。
①⑧ 'it' は「それ」と、「物」「動物」「植物」を表す代名詞ですが、相手の性別が不明のとき「人」に対しても使います。⑥ 文法上は目的格の 'whom' を使うのが正しいのですが、会話では 'who' が使われます。

① **Who is it?**
フーイズィット

② **Who is he?**
フーイズヒィ

③ **Who is her boyfriend?**
フーイズハァボーイフレンド

④ **Who is your teacher?**
フーイズユァティチャー

⑤ **Who is your favorite actor?**
フーイズユァフェイヴァリットアクター

⑥ **Who are you looking for?**
フーアーユールッキンフォー

⑦ **Who are the children over there?**
フーアーザチルドゥレンオゥヴァーゼァ

⑧ **Who was it on the phone?**
フーワズィットォンザフォーン

会話表現 55 CD-No	誰が〜するのですか？
	Who 〜 ?
基本パターン	Who + 動詞 ?

① 誰が気にするのですか？

② 誰が知っているのですか？

③ 誰が真実を知っているのですか？

④ 誰がコーヒーを欲しがっているのですか？

⑤ 誰が名付けたのですか？

⑥ 誰があなたに話したのですか？

⑦ 誰がそう言ったのですか？

⑧ 誰が警察を呼んだのですか？

Point!

　「誰が〜する/したのか？」も同じく疑問詞 'Who' で始め、'Who' が主語なので、その後に動詞をつなげればいいですね。
　①「誰が気にするの？」→「誰も気にしない、知ったことではない」という意味になります。②「誰が知っているの？」→「誰にもわからない、誰も知らない」の意味になります。

① **Who cares?**
フゥケァズ

② **Who knows?**
フゥノゥズ

③ **Who knows the truth?**
フゥノゥズザトルゥス

④ **Who wants some coffee?**
フゥワァンツサムカフィ

⑤ **Who named you?**
フゥネィムドゥユ

⑥ **Who told you?**
フゥトゥルドユゥ

⑦ **Who said that?**
フゥセッドザット

⑧ **Who called the police?**
フーコールザポリース

会話表現 **56** CD-No	どちらが〜ですか？ **Which is 〜 ?**
基本パターン	**Which is + 代名詞 / 名詞 / 形容詞 ?**

① どちらがあなたのものですか？

② どちらがあなたのメールアドレスですか？

③ どちらが最も安価ですか？

④ どちらがよりいいですか？

⑤ どちらの傘があなたのですか？

⑥ どちらの歌があなたのお気に入りですか？

⑦ どちらの計画があなたにとって一番いいですか？

⑧ どちらの人が正しかったですか？

Point!

「どちらが」と、二者択一あるいは三者以上からの択一を尋ねるときには、'Which' に be 動詞をつなげて、その後に知りたい事柄を続けましょう。⑤～⑧のように「どちらの～が」と聞きたければ 'Which' の後に名詞を加えます。

③ 'one' は具体的な名詞(人・物)を表す便利な代名詞です。例：「どのペンが欲しい？」「こっちのが欲しいな」= "Which pen do you want?" "I want this one."　④⑦ 二択では 'better'、三択以上は 'best' を用います。

① **Which is yours?**
ウィッチイズユァズ

② **Which is your email address?**
ウィッチイズユァイーメィルアドレス

③ **Which is the cheapest one?**
ウィッチイズザチーペストゥワン

④ **Which is better?**
ウィッチイズベタァ

⑤ **Which umbrella is yours?**
ウィッチアンブレラ ライズユァズ

⑥ **Which song is your favorite?**
ウィッチソングイズユァフェイヴァリット

⑦ **Which plan is the best for you?**
ウィッチプランイズザベストフォーユー

⑧ **Which person was correct?**
ウィッチパースンワズコレクトゥ

会話表現 57 CD-No	どちらを〜しますか？
	Which do you 〜 ?
基本パターン	Which do you + 動詞の原形 ?

① どちらが欲しいですか？

② どちらが一番好きですか？

③ ビールとワインのどちらが好きですか？

④ どちらを買いましたか？

⑤ どちらの電車に乗りますか？

⑥ どちらの色が好きですか？

⑦ どちらの部署で働いていますか？

⑧ どちらの映画を観ましたか？

Point!

　会話表現 56 同様、二者択一を尋ねる場合と、三者以上からの択一を尋ねる場合の、どちらにも疑問詞 'which' を使うことができます。①〜④のように「どちらが / を」と尋ねるときは 'Which' で、⑤〜⑧のように「どちらの〜が / を」と言いたければ 'Which + 名詞' で始め、それぞれ一般動詞の疑問文をつなげます。

　② 二者択一の場合には 'best' ではなく 'better' を用います。③ 'prefer' =「より好き」　⑦ 'department' =「部」。「課」は 'section'、「事業部」は 'division' です。

① **Which do you want?**
ウィッチドゥユゥウォント

② **Which do you like best?**
ウィッチドゥユゥライクベスト

③ **Which do you prefer, beer or wine?**
ウィッチドゥユゥプリファービアオアワイン

④ **Which did you buy?**
ウィッチディドユゥバイ

⑤ **Which train do you take?**
ウィッチトゥレインドゥユゥテイク

⑥ **Which color do you like?**
ウィッチカラァドゥユゥライク

⑦ **Which department do you work in?**
ウィッチディパートメントドゥユゥワークィン

⑧ **Which movie did you see?**
ウィッチムーヴィディドユゥシィ

会話表現 58 CD-No	～はいつですか？
	When is ～ ?
基本パターン	**When is + 名詞 ?**

① 次のバスはいつですか？

② 旅行はいつですか？

③ 彼女の誕生日はいつですか？

④ 彼の飛行機はいつですか？

⑤ 休みはいつですか？

⑥ 空き時間はいつですか？

⑦ 結婚記念日はいつですか？

⑧ お電話するのに都合のいい時間はいつですか？

Point!

「〜はいつ？」は 'When' で始め、be 動詞を加えた後ろに知りたい事柄の名詞(句)を続けます。

①④⑥⑧ 'When' は広義の「いつ」(日にち、月、年など)。'What time' は「何時」(時間)。'When' を 'What time' の意味に使う場合もあります。⑧ 'good time to 〜' は「〜するのに都合のいい時間」。

① **When is the next bus?**
ウェニィズザネックストバス

② **When is your trip?**
ウェニィズユァトゥリップ

③ **When is her birthday?**
ウェニィズハァバァスデイ

④ **When is his flight?**
ウェニィズヒズフライト

⑤ **When is your day off?**
ウェニィズユァデイオフ

⑥ **When is your free time?**
ウェニィズユァフリータイム

⑦ **When is your wedding anniversary?**
ウェニィズユァウェディングアニヴァサリィ

⑧ **When is a good time to call you?**
ウェニィズァグッドタィムトコールユゥ

会話表現 **59** CD-No	いつ〜しますか？
	When do we 〜 ?
基本パターン	When do we + 動詞の原形 ?

① いつスタートしますか？

② いつ会議をしますか？

③ いつその店は開店しますか？

④ いつ彼は会いに来ますか？

⑤ いつ彼らは結婚しましたか？

⑥ いつ大阪に出張しましたか？

⑦ いつお宅を訪問できますか？

⑧ いつ赤ちゃんが生まれますか？

Point!

　「いつ〜する？／した？」は 'When' の後ろに一般動詞を使った疑問文をつなげます。

　③「閉店する」場合は 'close' を使います。④ 'come and see' ＝「会いに来る」「来てみる」。'go and see' は「会いに行く」「行ってみる」の意味になります。⑥ 'make a trip' は「旅行する」。'take a trip' でも OK。'sightseeing trip' は「観光旅行」。

① **When do we start?**
ウェンドゥウィスタート

② **When do we have a meeting?**
ウェンドゥウィハヴァミーティング

③ **When does the store open?**
ウェンダズザストアオープン

④ **When does he come and see you?**
ウェンダズヒィカムァンシィユウ

⑤ **When did they get married?**
ウェンディッドゼィゲットマェリッド

⑥ **When did you make a business trip to Osaka?**
ウェンディドユゥメィカビジィネストリップトゥオッサカ

⑦ **When can I visit you?**
ウェンキャンナイヴィズィッツユウ

⑧ **When will you have a baby?**
ウェンウィルユゥハヴァベィビー

会話表現 **60** CD-No	**〜はどこですか？**
	Where is 〜 ?
基本パターン	**Where is + 名詞 / 代名詞 ?**

① お手洗いはどこですか？

② 一番近いバス停はどこですか？

③ 私の席はどこですか？

④ あなたの故郷はどこですか？

⑤ あなたの会社の本社はどこですか？

⑥ 私がいるのはどこですか？

⑦ 今あなたはどこですか？

⑧ 私はどこでしたか？（どこまで話しましたか？）

Point!

「~はどこですか?」は 'Where is' の後に知りたい事柄(名詞または代名詞)をつなげます。旅行などで目的の場所を尋ねるときにも便利な表現ですね。

⑤ 'head office' =「本社」。「支社」は 'branch office'。⑥ 道に迷ったときに地図を指しながらこう尋ねてみましょう。⑦ 待ち合わせ場所に来ない友人に携帯電話で。⑧ 話が脇道にそれて、元の話題に戻るときに使います。

① **Where is the bathroom?**
ウェァリズザバスルーム

② **Where is the nearest bus stop?**
ウェァリズザニァレストバスストップ

③ **Where is my seat?**
ウェァリズマイシィト

④ **Where is your hometown?**
ウェァリズユァホームタウン

⑤ **Where is your head office?**
ウェァリズユァヘッドォフィス

⑥ **Where am I?**
ウェァアムアイ

⑦ **Where are you now?**
ウェァアーユゥナゥ

⑧ **Where was I?**
ウェァワズアイ

会話表現 61 CD-No	どこで (どこに) ～するのですか？
	Where do you ～ ?
基本パターン	Where do you + 動詞の原形 ?

① どこで働いているのですか？

② どこで電車を乗り換えするのですか？

③ どこにサインするのですか？

④ どこで両替するのですか？

⑤ どこに彼女は住んでいるのですか？

⑥ どこで手に入れましたか？

⑦ どこに駐車しましたか？

⑧ どこで昨晩は飲みましたか？

Point!

　場所の「どこで」「どこに」を表す疑問詞 'Where' の後に、一般動詞の疑問文をつなげます。

　② 'trains' と複数形を使いましょう。③ 'sign' は契約書などにサインすることを意味し、有名人に「サインをください」と言う場合は "Could I have your autograph?" となります。⑧ 'drink' は「(飲み物)を飲む」以外に「酒類を飲む」という意味があります。薬を飲むときは 'drink' ではなく 'take' を使います。

① **Where do you work?**
ウェァドゥユゥワーク

② **Where do you change trains?**
ウェァドゥユゥチェインジトレインズ

③ **Where do I sign?**
ウェァドゥアイサイン

④ **Where do I exchange money?**
ウェァドゥアイエクスチェインジマニィ

⑤ **Where does she live?**
ウェァダズシィリヴ

⑥ **Where did you get it?**
ウェァディドユゥゲッテット

⑦ **Where did you park your car?**
ウェァディドユゥパークユァカァ

⑧ **Where did you drink last night?**
ウェァディドユゥドリンクラストナィト

会話表現	なぜ〜なのですか？
62 CD-No	**Why is 〜 ?**
基 本 パターン	Why is + 代名詞 / 名詞 + 形容詞 ?

① なぜそんなに高価なのですか？

② なぜ彼女はそんなに忙しいのですか？

③ なぜ彼はそんなに興奮しているのですか？

④ なぜ疲れているのですか？

⑤ なぜ急いでいるのですか？

⑥ なぜ遅れたのですか？

⑦ なぜ彼は会議で腹を立てていたのですか？

⑧ なぜあなたの上司はそんなに怠惰なのですか？

Point!

「なぜ〜なの？」は「なぜ」を表す疑問詞 'Why' で始めます。その後に疑問文「be 動詞 + 主語 + 様子や状態を表す形容詞」をつなげます。
①②③⑧ 'so' は「とても」「そんなに」という、形容詞を強める副詞で、'so beautiful'(とても美しい)、'so cool'(とてもかっこいい)などと使います。
⑤ 'in a hurry' =「急いで」　⑦ 'upset' =「腹を立てて」。口語で 'angry' よりも軽い意味です。

① **Why is it so expensive?**
ワイズィットソーエクスペンシィヴ

② **Why is she so busy?**
ワイズシィソービジィ

③ **Why is he so excited?**
ワイズヒーソーエクサイティッド

④ **Why are you tired?**
ワイアーユタィァード

⑤ **Why are you in a hurry?**
ワイアーユッィナハリィ

⑥ **Why were you late?**
ワイワーユッレィト

⑦ **Why was he upset in the meeting?**
ワイワズヒィアプセットィンザミーティング

⑧ **Why is your boss so lazy?**
ワイズユアボスソーレイジィ

会話表現 63 CD-No	なぜ〜するのですか？
	Why do you 〜 ?
基本パターン	Why do you + 動詞の原形 ?

① なぜそう思うのですか？

② なぜそれを好きなのですか？

③ なぜそんなことを言うのですか？

④ なぜ彼は転職したいのですか？

⑤ なぜそんなことをしたのですか？

⑥ なぜ嘘をついたのですか？

⑦ なぜ彼女は家に帰ったのですか？

⑧ なぜ山田さん一家はテキサスに引っ越したのですか？

Point!

「なぜ〜するの？/したの？」は、同じく疑問詞 'Why' で始め、その後一般動詞の疑問文をつなげます。口語では "How come?" も "Why?" と同じ意味で使えます。例えば、①は "How come you think so?"、②は "How come you like it?" とすれば同じ意味の文になります。

⑧ 'the Yamadas' =「山田一家」「山田家」。名字を複数にして 'the' をつけると「〜家」「〜家の人々」となります。

① **Why do you think so?**
ワイドゥユウシィンクソー

② **Why do you like it?**
ワイドゥユウラィキット

③ **Why do you say so?**
ワイドゥユウセィソー

④ **Why does he want to change jobs?**
ワイダズヒィワントチェィンジジョッブス

⑤ **Why did you do that?**
ワイディドユゥドゥザット

⑥ **Why did you lie to me?**
ワイディドユゥライトゥミィ

⑦ **Why did she go home?**
ワイディドシィゴーホーム

⑧ **Why did the Yamadas move to Texas?**
ワイディドザヤマダズムーヴトゥテキサス

会話表現 64 CD-No	～はどうですか？
	How is [How's] ～ ?
基本パターン	How's + 名詞 ?

① 調子はどうですか？

② ご家族はどうですか？

③ 仕事はどうですか？

④ 風邪はどうですか？

⑤ 今日の天気はどうですか？

⑥ 近頃景気はどうですか？

⑦ 彼の身長はどのくらいですか？

⑧ 駅までのタクシー料金はいくらですか？

Point!

　疑問詞 'How' を使い、「be動詞 + 様子を知りたい物や事柄(名詞)」をつなげます。名詞ではなく代名詞を使うと "How is he?" や "How are you?" など、「彼」や「あなた」の調子を尋ねる表現になります。① 相手の調子を尋ねる表現は他にもいろいろあります(決まり文句1参照)。②「ご家族はどう？」→「ご家族はお元気？」のニュアンス。④ 'cold' はここでは「風邪」の意味。⑦⑧「どのくらい」と、その状態の程度を尋ねるときは、'How' に知りたい事柄の程度を表す形容詞や副詞をつなげ、疑問文を続けます。

① **How's everything?**
ハゥズエヴリシィング

② **How's your family?**
ハゥズユァファミリィ

③ **How's your work?**
ハゥズユァワーク

④ **How's your cold?**
ハゥズユァコールド

⑤ **How's the weather today?**
ハゥズザウェザァトゥディ

⑥ **How's business these days?**
ハゥズビジネスジーズディズ

⑦ **How tall is he?**
ハゥトゥルイズヒィ

⑧ **How much is the taxi fare to the station?**
ハゥマッチイズザタクシフェアトゥザスティション

会話表現 **65** CD-No	どのように〜しますか？ **How do you 〜 ?**
基本パターン	How do you + 動詞の原形 ?

① どうしてわかるのですか？

② どのような気分ですか？

③ どのように綴りますか？

④ どのようにここに来ましたか？

⑤ どのように休日を過ごしましたか？

⑥ どのように問題を解決しましたか？

⑦ どのくらいでその作業を終えますか？

⑧ どのくらい時間がかかりますか？

Point!

'How' で始め、「do you」+「知りたい行為の動詞の原形」をつなげます。
② "Are you OK?" と同じ、相手の体調を気づかう表現。"How do you feel about 〜?" は「〜についてどう思う？」と感想を尋ねる表現。 ③ 難しい単語や、電話などで相手の名前が聞き取りにくいとき便利。 ④ こう聞かれたら移動手段を答えましょう(コラム4参照)。 ⑦⑧「どのくらい〜？」と、その行動の程度を尋ねるときは、'How' にその程度を表す形容詞や副詞を加え、疑問文をつなげます。

① How do you know?
ハゥドゥユゥノゥ

② How do you feel?
ハゥドゥユゥフィール

③ How do you spell it?
ハゥドゥユゥスペルイト

④ How did you come here?
ハゥディドユゥカムヒァ

⑤ How did you spend your holidays?
ハゥディドユゥスペンドユァハリディズ

⑥ How did you solve the problem?
ハゥディドユゥソルブザプロブレム

⑦ How soon do you finish the work?
ハゥスーンドゥユゥフィニッシュザワーク

⑧ How long does it take?
ハゥロングダズィトテイク

会話表現 66 CD-No	～ませんか？
	How about ~ ing?
基本パターン	How about + 動名詞 ?

① 彼を訪ねませんか？

② 私たちと一緒に来ませんか？

③ タクシーに乗りませんか？

④ 地下鉄で行きませんか？

⑤ 今日の午後、ヨガをしませんか？

⑥ お昼にピザを食べませんか？

⑦ 夕食に出かけませんか？

⑧ 11時頃待ち合わせませんか？

Point!

　相手に行動を提案、勧誘するパターンですね。その行動を動名詞(〜ing)にして、'How about' につなげるだけです。日常よく使われる表現で、覚えておくと、とても便利です。

　③④ 'taxi' や 'subway' 以外にも、覚えておくと便利な交通機関に関する単語をまとめてあります。コラム4をどうぞ。　⑦ 'go out' =「外出する」。「デートする」「付き合う」の意味もあります。例:「トモコはトムと付き合っています」= "Tomoko is going out with Tom."

① **How about visiting him?**
ハゥアバゥトヴィジィティングヒム

② **How about coming with us?**
ハゥアバゥトカミィングウィズアス

③ **How about taking a taxi?**
ハゥアバゥトティキンガタクシィ

④ **How about going by subway?**
ハゥアバゥトゴゥイングバィサブウェイ

⑤ **How about doing yoga this afternoon?**
ハゥアバゥトドゥイングヨガディサフタヌーン

⑥ **How about having pizza for lunch?**
ハゥアバゥトハヴィングピッツァフォランチ

⑦ **How about going out for dinner?**
ハゥアバゥトゴゥイングアウトフォディナァ

⑧ **How about meeting me around 11:00?**
ハゥアバゥトミーティンミィアラウンドイレヴンオクロック

会話表現 **67** CD-No	**〜はどうですか？**
	How about 〜 ?
基本パターン	**How about + 代名詞 / 名詞 / 前置詞句 ?**

① あなたはどうですか？

② 明日はどうですか？

③ 12時はどうですか？

④ 京都はどうですか？

⑤ 紅茶はいかがですか？

⑥ ビールはいかがですか？

⑦ ホテルのロビーはどうですか？

⑧ 私のオフィスはどうですか？

Point!

　会話表現66の動名詞を省略し、'How about' の後に代名詞か名詞、前置詞句をつなげ「〜はどう？」と提案するパターンです。人、場所、時間、物など、アイデアを提案したり、相手の意見を尋ねたり、勧めたりできます。話題に上っていることについて提案・勧誘するので、'How about' の後ろの具体的な動作(動名詞)は省略されています。日常出番の多い表現なので、使えるようにしておきましょう。'What about' も同じ意味になります。
　① 相手に意見や考えを尋ねる表現。

① **How about you?**
ハゥアバゥトユゥ

② **How about tomorrow?**
ハゥアバゥトトゥモロゥ

③ **How about 12 o'clock?**
ハゥアバゥトトゥェルブオクロック

④ **How about Kyoto?**
ハゥアバゥトキョゥト

⑤ **How about a cup of tea?**
ハゥアバゥタカッポブティ

⑥ **How about some beer?**
ハゥアバゥトサムビァ

⑦ **How about in the hotel lobby?**
ハゥアバゥトインザホテルロビー

⑧ **How about in my office?**
ハゥアバゥトインマィオフィス

数字の言い方・表し方

column 8

使う機会は多いのに、なかなかうまく口をついて出てこない数字の表現……ここでは「時間」以外の数字のいろいろな言い方をピックアップしてみました。

1. The Year (西暦)

西暦の言い方はいくつかありますが、3桁以下の西暦は数字の読み方に準じます。1999年までの4桁は2桁ずつに区切り、2000年以降は数字の読み方に準じるのが一般的です。頭に 'the year' とつければ、何の数字を言っているのか、相手にはわかりやすいですね。

紀元前480年　four hundred eighty, B.C.
紀元557年　　five hundred fifty-seven, A.D.
1856年　eighteen fifty-six　　1978年　nineteen seventy-eight
2000年　two thousand　　　　2001年　two thousand one
2015年　two thousand fifteen

2. Date (日付)

日にちは基数表記 (1、2、3...) が基本ですが、序数 (1st、2nd、3rd...) で表記されることも多いです (米国式)。口語では、序数を使って言うのが一般的ですが、基数でも間違いではありません。

2012年1月15日

January 15, 2012 (January fifteen, two thousand twelve)
January 15th, 2012 (January (the) 15th, two thousand twelve)

3. Phone Number (電話番号)

電話番号は、番号を1つずつ言い、区切りにはポーズを入れます。3桁の番号は最初の1桁と次の2桁に分けてもOK。0は 'oh' が一般的

ですが 'zero' でも。ただし頭に 0 がくる場合は、会話中の "Oh!" (驚きや喜びを表す「おお！」) と区別するため 'zero' の方が適切でしょう。

固定電話　land-line phone　　　公衆電話　pay phone
携帯電話　cell-phone　　業務用携帯電話　business cell-phone
　03-5496-7650 (zero-three, five-four-nine-six, seven-six-five-oh)
緊急通報 (警察や消防・救急など)　emergency assistance
　110 (one-one-oh, one-ten)　119 (one-one-nine, one-nineteen)
番号案内　directory assistance　104 (one-oh-four)
気象情報　weather information
　177 (one-seven-seven, one-seventy-seven)

4. Temperature （温度）

　日本では摂氏 (℃) が使われていますが、アメリカやイギリスでは華氏 (°F) が使われます。どちらにしても言い方は同じ。通常の数字の読み方をした後に 'degrees' (度) をつけます。

＜例 1 ＞

A：テキサスの気温はどうですか？

　　　　　　　　　　　　　　What's the temperature like in Texas?
B：93°F です。　　　　　　　　　　　It's ninety-three degrees.
A：うわあ、それは暑いですね。　　　　　　　　　Wow, it's hot.

＜例 2 ＞ ＊ 'thirteen degrees below zero' は 'minus thirteen degrees' でも OK。

A：札幌の天気はどうですか？　How's the weather in Sapporo?
B：雪でマイナス 13℃ です。

　　　　　　　It's snowing and thirteen degrees below zero.
A：凍るような寒さですね。　　　　　　　　Freezing, isn't it?

会話表現 **68** CD-No	～ですよね。 It's ~ , isn't it?
基本パターン	It's 形容詞 / 名詞 , isn't it?

① つまらないですよね。

② おもしろいですよね。

③ 今日はとても暑いですよね。

④ 昨日は寒かったでしたよね。

⑤ あなたは空腹ですよね。

⑥ あなたはヘビースモーカーでしたよね。

⑦ 彼は疲れているようですね。

⑧ 彼女は昨晩あなたに電話しましたよね。

Point!

会話表現 68 と 69 は、相手の同意を求めたり、念を押したりするときに使う、フレンドリーなニュアンスをもつ口語表現になります。まずは、肯定文で始め否定の疑問文をつなぐパターンです。次の会話表現 69 でも同じですが、注意することは、念を押すときには文尾を下げ、不確かなことに同意を求めるときには上げて発音することです。

① It's boring, isn't it?
イッツボゥリングイズンティット

② It's interesting, isn't it?
イッツインテレスティングイズンティット

③ It's very hot today, isn't it?
イッツヴェリィハットトゥディイズンティット

④ It was cold yesterday, wasn't it?
イットワズコールドイェスタディワズンィット

⑤ You are hungry, aren't you?
ユゥアーハングリーアーンチュゥ

⑥ You were a heavy smoker, weren't you?
ユゥワッァヘヴィスモッカーワーンチュゥ

⑦ He looks tired, doesn't he?
ヒイルックタィァードダズントヒィ

⑧ She called you last night, didn't she?
シィコールドユゥラァストナィトディドゥントシィ

会話表現 **69** CD-No	～ないですよね。
	It's not ～ , is it?
基本パターン	**It's not 形容詞 / 名詞 , is it?**

① それは安くないですよね。

② 沖縄は寒くないですよね。

③ あなたは結婚してないですよね。

④ あなたはお酒を飲まないですよね。

⑤ あなたのお父さんはたばこを吸わないですよね。

⑥ 彼はゴルフをしなかったですよね。

⑦ 私たちはお会いしたことがないですよね。

⑧ 何週間も雨が降ってないですよね。

Point!

会話表現 68 の否定文のパターン「〜ではない？」「〜しないよね」です。否定文で始め肯定の疑問文をつなぎます。答え方には要注意で、肯定文で聞かれても否定文で聞かれても、質問された事柄が事実なら 'Yes'、事実でなければ 'No' と答えます。間違いやすいので、気をつけましょう。例：「地下鉄で通勤していませんよね」= "You don't take a subway to work, do you?" "You take a subway to work, don't you?" →どちらで聞かれても、地下鉄通勤ならば "Yes, I do."、他の手段で通勤ならば "No, I don't." と答えます。

① It's not cheap, is it?
イッツノットチィプイズィット

② It's not cold in Okinawa, is it?
イッツノットコゥルドインオキナワイズィット

③ You are not married, are you?
ユァノットメリッドァァユゥ

④ You don't drink, do you?
ユゥドントドゥリンクドゥユゥ

⑤ Your father doesn't smoke, does he?
ユァファザァダズントスモゥックダズヒィ

⑥ He didn't play golf, did he?
ヒィディドゥントプレィゴルフディドヒィ

⑦ We haven't met, have we?
ウィハヴントメットハヴウィ

⑧ It hasn't rained for weeks, has it?
イットハズントレィンドゥフォウィークスハズィット

会話表現 **70** CD-No	～すぎます。
	It's too ～ .
基本パターン	**It's too +** 形容詞 / 副詞 **.**

① 値段が高すぎます。

② 遅すぎます。

③ 今日は暑すぎます。

④ 忙しすぎます。

⑤ このコーヒーは私には濃すぎます。

⑥ 多すぎます。

⑦ あなたは食べすぎます。

⑧ 多すぎます。

Point!

　形容詞や副詞を強めるときに使われ、'very' と同じような意味に使えますが、'too' には「〜すぎる」のニュアンスがあり、より強意になります。('too 〜 to…' で「〜すぎて…できない」という表現が会話でよく使われます。例：「その質問は難しすぎて答えられない」= "The question is too difficult to answer.") ②「手遅れ」「後の祭り」のニュアンス。③ 'hot' は「熱い」「(スパイスが)辛い」「流行の/人気の」の意味も。⑤'strong' は「(体力が)強い」「強い(酒類)」の意味も。⑥⑦の 'much' は「量が多い」、⑧の 'many' は「数が多い」。

① **It's too expensive.**
イッツトゥエクスペンシィヴ

② **It's too late.**
イッツトゥレィト

③ **It's too hot today.**
イッツトゥハットトゥデイ

④ **I'm too busy.**
アィムトゥビジィ

⑤ **This coffee is too strong for me.**
ディスカーフィイズトゥストゥロングフォミィ

⑥ **It's too much.**
イッツトゥマッチ

⑦ **You eat too much.**
ユゥイートトゥマッチ

⑧ **That's too many.**
ザッツトゥメニィ

会話表現 **71** CD-No	**〜しなさい。**
	動詞の原形.
基本パターン	**動詞の原形 〜.**

① お入りなさい。

② 太郎、起きなさい！

③ 階段に注意しなさい！

④ 手を洗いなさい。

⑤ 一杯おごりなさい。

⑥ ごみを出しなさい。

⑦ ここから出て行きなさい。

⑧ 6時に迎えに来なさい。

Point!

　動詞で始まる「〜しなさい」という命令文です。ごく親しい間柄、家族や友人では語調を変えたり 'please' をつければ「お願い」の意味合いにも使えます (会話表現 72 参照)。してほしい動作を表す動詞を文頭に言えばいいのですから、簡単ですね。「止まれ！」は "Stop!" で、「聞け！」なら "Listen to me!" となります。命令する相手は文頭に省略されている 'You' で、「あなた、あなたたち」です。

　⑧ 'pick 〜 up' =「〜を迎えに行く」。「〜を家まで送る」は 'take 〜 home'。

① **Come in.**
カムイン

② **Get up, Taro!**
ゲッタップタロウ

③ **Watch your step!**
ワッチュァステップ

④ **Wash your hands.**
ワッシュァハンズ

⑤ **Buy me a drink.**
バイミィァドゥリンク

⑥ **Take out the garbage.**
ティカゥタザガーベッジ

⑦ **Get out of here.**
ゲッタウトブヒア

⑧ **Pick me up at six.**
ピックミィアップァトシックス

会話表現 **72** CD-No	**〜してください。**
	Please 〜．　〜, please.
基本パターン	**Please + 動詞の原形．** **動詞の原形 + , please.**

① 車に乗せてください。

② こちらに来てください。

③ マイクと呼んでください。

④ いつでもお電話ください。

⑤ もう少し大きな声で話してください。

⑥ 塩をとってください。

⑦ 靴をお脱ぎください。

⑧ このワインをギフト包装してください。

Point!

　主語の 'you' を省略して動詞で始めるので、命令文というカテゴリーになりますが、'please' が文頭か文尾にあるので「依頼」「指示」の意味合いの「〜していただけますか」「〜してください」となります。もちろん相手や状況、語調で「命令」とすることも可能です。(名詞の後に 'please' をつけて「〜を下さい」と使うことも多いですね。例:「日本への往復チケットを下さい」= "A round-trip ticket to Japan, please.")

① **Please give me a ride.**
プリーズギヴミィァライド

② **Please come this way.**
プリーズカムディスウェイ

③ **Please call me Mike.**
プリーズコールミィマイク

④ **Please call me anytime.**
プリーズコールミィエニィタイム

⑤ **Speak up, please.**
スピィクアッププリーズ

⑥ **Pass me the salt, please.**
パァスミィザソルトプリーズ

⑦ **Take off your shoes, please.**
ティコフユァシュゥズプリーズ

⑧ **Gift-wrap this wine, please.**
ギフトラップディスワィンプリーズ

会話表現 **73** CD-No	〜してはいけません。
	Don't 〜 .
基本パターン	Don't + 動詞の原形 .

① 行ってはいけません！

② 心配してはいけません。

③ 遅れてはいけません。

④ 恥ずかしがってはいけません。

⑤ そんなに怒ってはいけません。

⑥ 頑張りすぎてはいけません。

⑦ 食べすぎてはいけません。

⑧ 飲んだら、乗るな。

Point!

　「～するな、してはいけない」という、禁止を表す命令文になります。止めてほしい動作を表す動詞の前に 'Don't' をつけるだけ、命令相手は 'Don't' の後ろに省略されている 'you'（あなた、あなたたち）ですね。'please' を 'Don't' の前か文尾につけると、お願いの意味にもなります。

　④「遠慮しないで」の意味もあります。⑧ 飲酒運転禁止を表す「飲んだら、乗るな」。ここの 'Don't' は 'drink'（飲む）と 'drive'（運転する）の両方にかかっています。

① **Don't go!**
ドントゴー

② **Don't worry.**
ドントワリィ

③ **Don't be late.**
ドントビィレイト

④ **Don't be shy.**
ドントビィシャイ

⑤ **Don't be so angry.**
ドントビィソーアングリィ

⑥ **Don't work too hard.**
ドントワークトゥハード

⑦ **Don't eat too much.**
ドントイートトゥマッチ

⑧ **Don't drink and drive.**
ドントドゥリンカァンドゥライヴ

会話表現 74 CD-No	～したらどうですか？　～しましょう。
	Why don't you ～ ?　Why not ～ ?
基本パターン	Why don't you + 動詞の原形 ? Why not + 動詞の原形 ?

① 医者に診せたらどうですか？

② 寿司を食べてみたらどうですか？

③ 7時頃来たらどうですか？

④ 急ぎましょう。

⑤ また会いましょう。

⑥ それは太郎に尋ねましょう。

⑦ 禁酒したらどうですか？

⑧ 彼女に電話したらどうですか？

Point!

「〜してみない？」「〜したらどう？」と提案、助言、勧誘を表現するパターンで、口語で友人や家族など身近な人に使います。'Why not 〜?' は 'Why don't you 〜?' の省略形。("Why not?" 単独で、誘われた返事として「もちろん」「いいね」と同意を表すときにも使えます。例:「お茶に付き合わない？」「ええ、いいわね」 = "Why don't you join us for tea?" "Sure, why not?")
② テーブルに並んでいる寿司だけに手をつけていないとき尋ねる表現。
③ 'around' =「約」「およそ」「頃」 ⑧ 'give a call' =「電話をする」

① **Why don't you see a doctor?**
ワィドンユゥシィアドクター

② **Why don't you try the sushi?**
ワィドンユゥトライザスシ

③ **Why don't you come around seven?**
ワィドンユゥカムアラウンドセヴン

④ **Why don't we hurry up?**
ワィドンウィハリィアップ

⑤ **Why don't we meet again?**
ワィドンウィミィトアゲィン

⑥ **Why don't we ask Taro about it?**
ワィドンウィアースクタローアバウテット

⑦ **Why not stop drinking?**
ワィノットストップドゥリンキング

⑧ **Why not give her a call?**
ワィノットギヴハァコール

会話表現 **75** CD-No	**〜しましょう。**
	Let's 〜 .
基 本 パターン	**Let's + 動詞の原形 .**

① 買い物に行きましょう。

② 座りましょう。

③ ひと休みしましょう。

④ 駅まで歩きましょう。

⑤ もう少しビールを飲みましょう。

⑥ あなたのオフィスで会いましょう。

⑦ ちょっと話しましょう。

⑧ ボブとメリーに乾杯しましょう！

Point!

'Let's' は 'Let us' の短縮形で、「さあ、〜しましょう」という勧誘や提案をする表現です。答え方は "Yes, let's."(ええ、やりましょう)か、"No, let's not."(いいえ、やめましょう)となります。

③ 'take a break' は「ひと休みする」で、「10分休憩」なら 'take a ten-minute break' となります。⑧ 婚約や結婚する2人にお祝いの表現です。同僚の昇進祝いの飲み会では "Let's drink to Bob's promotion!"(ボブの昇進に乾杯!)と使えます。

① **Let's go shopping.**
レッツゴゥショッピン

② **Let's have a seat.**
レッツハヴァシィト

③ **Let's take a break.**
レッツティカブレィク

④ **Let's walk to the station.**
レッツウォクトゥザスティション

⑤ **Let's have some more beer.**
レッツハヴサモァビァ

⑥ **Let's meet at your office.**
レッツミィタットユァオフィッス

⑦ **Let's talk for a minute.**
レッツトックフォラミニット

⑧ **Let's drink to Bob and Mary!**
レッツドゥリンクトゥボッブアンメリィ

会話表現 **76** CD-No	私に〜させてください。
	Let me 〜 .
基本パターン	**Let me + 動詞の原形 .**

① 私を行かせてください。

② 私に知らせてください。

③ 私にお手伝いさせてください。

④ 私にこれを終えさせてください。

⑤ 私に自己紹介させてください。

⑥ 彼にあなたの荷物を運ばせなさい。

⑦ 彼女にやらせてください。

⑧ 彼らに考えさせてください。

Point!

　"Let me + 動詞の原形" は「私に〜させてください / させましょう / させなさい」です。依頼・勧誘・命令の相手は、省略されている 'you'「あなた、あなたたち」です。状況、語調で依頼・勧誘・命令それぞれの使い分けができます。'me' の代わりに他の代名詞や名詞 ('you' 'yourself' 'him' 'them' 'Tom' 'the students' 'the dog' など) を使うこともできます。

① **Let me go.**
　レッミィゴー

② **Let me know.**
　レッミィノゥ

③ **Let me help you.**
　レッミィヘルプユゥ

④ **Let me finish this.**
　レッミィフィニッシュディス

⑤ **Let me introduce myself.**
　レッミィイントロデュースマイセルフ

⑥ **Let him carry your baggage.**
　レットヒムキャリィユァバゲッジ

⑦ **Let her do it.**
　レットハァドゥイット

⑧ **Let them think about it.**
　レットゼムシィンクァバウティット

会話表現 77 CD-No	なんて〜なのでしょう！
	What a 〜！
基本パターン	What a + 形容詞 + 名詞 + 主語 + 動詞！

① なんて暑い日なのでしょう！

② 彼はなんて親切な男性なのでしょう！

③ なんてつまらない映画なのでしょう！

④ なんて美味しいケーキなのでしょう！

⑤ 彼女はなんて料理上手なのでしょう！

⑥ なんてひどい雨なのでしょう！

⑦ なんて甘いソースなのでしょう！

⑧ なんて美しい花なのでしょう！

Point!

　「なんて〜な(人・物・事柄)なのでしょう！」と感嘆、失望、怒りを表現するパターンです。「〜な人」「〜な物」「〜な事柄」がキーです。会話では、後に続ける「主語 + 動詞」は省略することが多いですね。会話表現 78 を用いて、同じ意味の文を作ることができます。
　⑧ 複数形の名詞に対しても使えます。その場合は 'What a' の 'a' を取りましょう。

① **What a hot day it is!**
ワトァハットデイトイズ

② **What a kind man he is!**
ワトァカィンドマンヒィイズ

③ **What a boring movie this is!**
ワトァボゥリングムゥヴィディスイズ

④ **What a delicious cake this is!**
ワトァデリシヤスケィクディスイズ

⑤ **What a good cook she is!**
ワトァグッドクックシィイズ

⑥ **What a heavy rain it is!**
ワトァヘヴィレィンイティイズ

⑦ **What a sweet sauce this is!**
ワトァスウィートソウスディスイズ

⑧ **What beautiful flowers they are!**
ワトブユウティフルフラワーズゼィアー

会話表現 78 CD-No	なんて〜なのでしょう！
	How 〜 !
基本パターン	How + 形容詞 / 副詞 + 主語 + 動詞！

① 今日はなんて暑いのでしょう！

② 彼はなんて親切なのでしょう！

③ この映画はなんてつまらないのでしょう！

④ このケーキはなんて美味しいのでしょう！

⑤ 彼女はなんて料理が上手なのでしょう！

⑥ 雨がなんてひどいのでしょう！

⑦ このソースはなんて甘いのでしょう！

⑧ この花はなんて美しいのでしょう！

Point!

　もう１つの感嘆文で、「なんて〜なのでしょう！」と人・物・事柄の「様子」に感嘆、失望、怒りを表すパターンで、様子を表す「形容詞」「副詞」がキーです。会話では聞き手がその行為がわかっていれば、後に続ける「主語 + 動詞」を、会話表現 77 と同じく省略することができます。会話表現 77 を用いて、同じ意味の文を作ることができます。

① How hot it is today!
ハゥハットイティズトゥディ

② How kind he is!
ハゥカィンドヒィィズ

③ How boring this movie is!
ハゥボゥリングディスムゥヴィイズ

④ How delicious this cake is!
ハゥデリシヤスディスケィクイズ

⑤ How well she cooks!
ハゥウェルシィクックス

⑥ How heavy the rain is!
ハゥヘヴィザレィンイズ

⑦ How sweet this sauce is!
ハゥスウィートディスソウスイズ

⑧ How beautiful these flowers are!
ハゥビュウティフルジィズフラワーズアー

Language Research Associates 編

■横山美代子

　（インディアナ大学大学院アメリカ文学修士課程修了）

■椎野慎子

　（アリゾナ大学英語学部創作学科ノンフィクションライティング専攻卒業）

英文校閲・吹込	Kay Husky
吹込	藤本京
カバーデザイン・イラスト	ナガイアヤコ

ひと目でわかる英会話　シンプルパターン78

2012年4月10日　初版発行

[著　者]　Language Research Associates 編 ⓒ 2012
　　　　　ランゲージ リサーチ アソシエイツ ヘン

[発行者]　片岡 研

[印刷所]　株式会社シナノ

[発行所]　株式会社ユニコム　UNICOM Inc.
　　　　　Tel. 03-5496-7650　Fax. 03-5496-9680
　　　　　〒153-0064 東京都目黒区下目黒1-2-22-1004
　　　　　http://www.unicom-lra.co.jp

ISBN 978-4-89689-485-1　　　　　■許可なしに転載・複製することを禁じます。